THE SCHOOL OF LIFE

GROSSE IDEEN FÜR NEUGIERIGE KÖPFE

THE SCHOOL OF LIFE

GROSSE IDEEN FÜR NEUGIERIGE KÖPFE

Die faszinierende Welt der Philosophie für Kinder – die spannendsten Gedanken einfach erklärt

Bibliografische Information der Deutschen Nationalbibliothek
Die Deutsche Nationalbibliothek verzeichnet diese Publikation in der Deutschen Nationalbibliografie. Detaillierte bibliografische Daten sind im Internet über http://dnb.d-nb.de abrufbar.

Für Fragen und Anregungen
info@mvg-verlag.de

1. Auflage 2022

Türkenstraße 89
80799 München
Tel.: 089 651285-0
Fax: 089 652096

Die englische Originalausgabe erschien 2018 bei The School of Life unter dem Titel *Big Ideas for Curious Minds*.

Übersetzung: Ariane Novel
Redaktion: Nadine Lipp
Umschlaggestaltung: Karina Braun
Umschlagabbildung: Anna Doherty, Keystone Press/Alamy Stock Photo, shutterstock/Nadia Chi
Satz: Carsten Klein, Torgau
Druck: Firmengruppe APPL, aprinta Druck, Wemding
Printed in Germany

ISBN Print 978-3-7474-0476-8
ISBN E-Book (PDF) 978-3-96121-862-[illegible]
ISBN E-Book (EPUB, Mobi) 978-3-96121-863-9

Wir produzieren nachhaltig
www.m-vg.de

Weitere Informationen zum Verlag finden Sie unter

www.mvg-verlag.de

Beachten Sie auch unsere weiteren Verlage unter www.m-vg.de

INHALT

Große

WAS IST PHILOSOPHIE?

Philosophie ist ein ziemlich rätselhaftes Fach, über das die meisten Menschen wenig wissen. An den meisten Schulen wird Philosophie nicht unterrichtet, durchschnittliche Erwachsene verstehen nicht viel davon, und darüber hinaus kann sie etwas seltsam, abgehoben und vielleicht sogar unnötig erscheinen. Das ist sehr schade, denn wir alle können eine Menge von der Philosophie lernen, ganz egal in welchem Alter. Womöglich ist sie sogar das wichtigste Thema, dem sich Menschen denkend annähern können. Dieses Buch öffnet dir eine Tür zur Philosophie. Es möchte dir zeigen, mit welchen Fragen sich die Philosophie beschäftigt und wie sie dazu beiträgt, dass du das Leben verstehen kannst.

Das Wort *Philosophie* selbst gibt uns bereits einen kleinen Hinweis darauf, warum sie so wichtig ist. Es stammt ursprünglich aus dem Altgriechischen. Der erste Teil *philo* bedeutet *Liebe* (mit *Philatelie* ist die Liebe zu Briefmarken gemeint). Der zweite Teil leitet sich vom Wort *sophia* ab und steht für *Weisheit*. Fügt man beide Wörter zusammen – *Philo-sophie* –, heißt es wortwörtlich *die Liebe zur Weisheit*.

Die Philosophie hilft uns, ein weises Leben zu führen. Doch was bedeutet *Weisheit*? Das ist zunächst gar nicht so leicht zu verstehen. Bedeutet weise sein, clever zu handeln? Nein, es ist viel mehr als das. Es geht um Vernunft, Freundlichkeit, Gelassenheit und darum, das Leben so anzunehmen, wie es eben manchmal sein kann (nicht immer perfekt und manchmal sogar richtig hart).

Um eine bessere Vorstellung davon zu bekommen, was Weisheit alles umfasst, können wir uns mit dem Gegenteil auseinandersetzen: nicht weise zu sein. Stell dir vor, deine Mutter verliert ihre Schlüssel. Sie könnte mit dieser Situation ziemlich unvernünftig umgehen. Sie könnte etwa herumschreien: »Wer hat meine Schlüssel genommen?« (Wahrscheinlich hat sie aber niemand genommen.) Sie könnte auch panisch werden, sich aufs Sofa werfen und darüber jammern, wie bescheuert sie ist und ihr Leben so ein Chaos. Die Arme!

Wie würde eine weisere Mutter handeln? Statt zu schimpfen oder sofort in Panik zu geraten, würde sie sich denken: »Okay, es kommt manchmal vor, dass die Autoschlüssel verschwinden. Irgendwo müssen sie ja liegen ... Vielleicht sind sie im Mantel, den ich gestern getragen habe?« Sie könnte dich (in einem ruhigen Ton) fragen, ob du sie gesehen hast, sie könnte sogar darüber lachen, wie dämlich es ist, einfach so zu vergessen, wo sie ihre Schlüssel hingelegt hat.

Wir können in vielen Situationen, in denen wir mit Problemen umgehen müssen, den Unterschied zwischen nicht weisen und weisen Handlungsweisen erkennen. Es gibt viele Probleme, große und kleine, in unser aller Leben – auch in deinem natürlich. Wir werden sie nie los (so sehr wir uns auch bemühen), aber wir alle können lernen, besser damit umzugehen.

Wir können versuchen, nicht so oft wütend zu werden, weniger zu schreien, nicht in Panik zu geraten oder Menschen, die wir lieben, zu verletzen. Die Philosophie versucht uns dabei zu helfen, weiser zu handeln, wenn wir Problemen ausgesetzt sind, bei denen wir nicht viel ausrichten können.

WEISE UND NICHT WEISE REAKTIONEN

DU VERLIERST IM SPIEL »VIER GEWINNT« GEGEN DEINEN BRUDER.

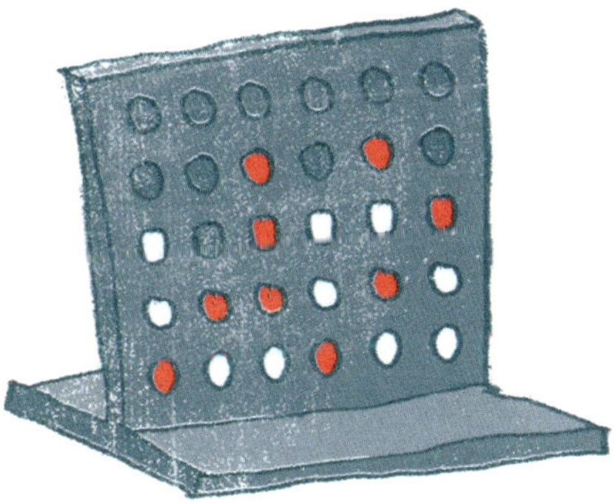

NICHT WEISE REAKTIONEN

Du unterstellst deinem Bruder, dass er geschummelt hat (obwohl du weißt, dass er es nicht getan hat).

Du erzählst allen, wie sehr dich dieses Spiel nervt.

Du hast das Gefühl, dass es von großer Bedeutung ist, dass du in diesem Spiel verloren hast und dass du niemals darüber hinwegkommen wirst.

oder

WEISE REAKTIONEN

Du denkst daran, dass es nur ein Spiel ist, und ob du Glück im Spiel hast, sagt rein gar nichts über dich als Mensch aus.

Du denkst dir, dass du ein anderes Mal gewinnen wirst, und es andere, viel wichtigere Dinge im Leben gibt.

DEINE FREUND*INNEN SIND NICHT SEHR NETT ZU DIR.

NICHT WEISE REAKTIONEN

Du bist ebenfalls gemein zu ihnen.

Es fühlt sich so an, als hättest du es verdient, von ihnen so schlecht behandelt zu werden.

oder

WEISE REAKTIONEN

Du fragst dich, worüber sie verärgert sind.

Du erklärst ihnen in einem ruhigen Ton, dass sie deine Gefühle verletzt haben, und fragst sie, was los ist.

Eine sehr lange Autofahrt

NICHT WEISE REAKTIONEN

Du fragst ohne Unterlass,
wann ihr endlich am Ziel seid.

Du erzählst die ganze Zeit, wie unglaublich gelangweilt du bist.

Du beschwerst dich darüber, wie verdammt lang diese Autofahrt ist.

oder

WEISE REAKTIONEN

Du gestehst dir ein, dass diese Fahrt ewig dauert, unabhängig davon, was du tust.

Du schaust aus dem Fenster und denkst dir ein Spiel oder eine Geschichte aus.

Du malst dir in deinem Kopf aus, wie das perfekte Haus oder U-Boot aussehen könnte, um dir die Zeit zu vertreiben.

Dir schmeckt das Abendessen nicht.

NICHT WEISE REAKTIONEN

Du schimpfst darüber,
wie eklig das Essen schmeckt.

Du wirfst es auf den Boden.

Du weigerst dich, es zu essen.

oder

WEISE REAKTIONEN

Du erklärst höflich, was du stattdessen lieber essen würdest.

Du bietest an, ein andermal
beim Kochen zu helfen.

Du vergisst nicht, dass wer auch immer gekocht hat, dich nicht enttäuschen wollte, und du womöglich seine Gefühle verletzt, wenn du dich die ganze Zeit darüber beschwerst.

DU RUINIERST VERSEHENTLICH EIN BILD, AN DEM DU GERADE MALST.

NICHT WEISE REAKTIONEN

Du zerreißt es und trampelst darauf herum.

Du versprichst, nie wieder ein Bild zu malen.

oder

WEISE REAKTIONEN

Du versuchst es noch einmal – vielleicht gelingt es dir diesmal besser.

Du siehst den Fehler als Chance. Ein Fleck lässt sich in einen Schatten verwandeln; ein Tintenfleck in eine Spinne. Manchmal kann das, was wir für einen *Fehler* halten, auch der Anfang von etwas viel Interessanterem sein.

DU WIRST INS BETT GESCHICKT, OBWOHL DU NOCH GAR NICHT MÜDE BIST.

NICHT WEISE REAKTIONEN

Du schreist herum und erklärst, wie ungerecht alles ist.

Du knallst deine Zimmertür zu.

oder

WEISE REAKTIONEN

Du erinnerst dich daran, dass dein Leben noch vor dir liegt – eines Tages wirst du lange aufbleiben können.

Du konzentrierst dich auf die schönen Sachen, die du am nächsten Tag machen kannst. Du kannst früh aufstehen und einen spannenden Morgen verbringen.

Philosophie gibt es schon seit Ewigkeiten überall auf der Welt, da Menschen stets nach Wegen gesucht haben, ruhiger und gelassener mit ihrem Schicksal umzugehen. Sie haben Fragen nach dem Sinn und Zweck des Lebens gestellt, um besser damit zurechtkommen. Über Jahrhunderte hinweg haben Philosophen und Philosophinnen viele tröstliche und ermutigende Ideen entwickelt – in diesem Buch stellen wir dir unsere liebsten 26 weisen Ideen vor.

GROSSE IDEE #1

KENNE DICH SELBST

Das mag vielleicht ein wenig seltsam klingen, aber vielleicht kennst du dich selbst gar nicht so gut. Natürlich weißt du eine Menge über dich – wie alt du bist, deine Augenfarbe, was dir schmeckt –, doch es gibt Dinge, die man nicht so leicht herausfindet. Vielleicht hast du zum Beispiel noch nie die Rückseite deiner Ohren gesehen und wahrscheinlich weißt du nicht viel über deine Eustachische Röhre (diese Röhre führt vom inneren Teil des Ohrs bis hoch zur Nase). Das ist aber nicht so wichtig, es gibt weitaus Bedeutenderes, worüber du nicht viel weißt: Gefühle. Es wäre aber gut, mehr über sie zu wissen. Das betrifft nicht nur dich – alle Menschen haben Schwierigkeiten, ihre eigenen Gefühle zu verstehen.

Das liegt daran, dass unser Gehirn ein bisschen seltsam funktioniert: Es ist sehr gut darin wahrzunehmen, dass du ein Gefühl hast. Es weiß sehr wohl, dass dich gerade etwas wütend macht, du dir Sorgen machst oder aufgeregt bist. Doch dein Gehirn kann nicht besonders gut verstehen, warum du dieses Gefühl hast. Es speichert nicht automatisch ab, was genau dich verärgert, dir Sorgen bereitet oder worüber du dich so freust.

Nehmen wir einmal an, dass du dir vorgenommen hast, nach der Schule mit deiner Mutter Plätzchen zu backen. Du freust dich schon den ganzen Tag darauf, doch dann ruft sie dich an und sagt, dass ihr etwas in der Arbeit dazwischengekommen ist, und sie doch keine Zeit hat, Plätzchen zu backen. Du bist enttäuscht und weißt nichts mit dir anzufangen, alles erscheint langweilig. Später, nachdem deine Mutter nach Hause gekommen ist, hast du aus irgendeinem Grund das Gefühl, dass sie heute wirklich nervig ist. Sie bittet dich, nach dem Essen den Tisch abzuräumen, doch anstatt es zu tun, schreist du laut: »Nein!« Worauf sie antwortet: »Sprich nicht so mit mir!« Bevor du dich versiehst, stürmst du schreiend aus der Küche. »Ich hasse dich, du kommandierst mich nur rum!«

Du hast ein großes, starkes Gefühl: »Ich bin wütend!« Dein Gehirn aber ist ganz schön verwirrt, weil es den Auslöser nicht ausfindig machen kann. Es vergisst, wieso du wütend bist. Es liegt nicht daran, dass du deine Mutter hasst. Du bist verletzt, weil du dir gewünscht hast, etwas Schönes mit ihr zu unternehmen, und nun sehr enttäuscht bist. Im Grunde denkst du nicht, dass sie dich herumkommandiert. Du bist wütend, dass jemand, den du liebst, zu beschäftigt war, um dir Aufmerksamkeit zu schenken. Es gibt einen riesigen Unterschied zwischen dem Gefühl »Meine Mutter kommandiert mich rum« und dem Gefühl »Ich wünsche mir, dass meine Mutter mit mir Plätzchen gebacken hätte«. Dein Gehirn ist nur nicht so gut darin, diesen Unterschied zu erkennen.

Stell dir vor, du willst mit deiner älteren Schwester Fußball spielen. Du fragst sie, ob sie mitmacht, doch sie ist zu müde und will nicht gestört werden. Also gehst du in dein Zimmer und versuchst, ein Buch zu lesen, allerdings ist es nicht besonders spannend. Du wanderst durch das Haus und bist auf der Suche nach einer Beschäftigung. Dann entdeckst du deinen kleinen Bruder, der gerade auf dem Boden liegt und Bauklötze aufeinanderstapelt, und auf einmal bist du wütend. Du trittst in den Stapel, und er fängt an zu weinen.

Dein Gehirn weiß zwar, wie sehr du genervt bist, es kann aber die Spur nicht verfolgen, um den Grund dafür zu erkennen, was dieses Gefühl ausgelöst hat. Statt sich daran zu erinnern, dass du dich über deine Schwester geärgert hast, denkt dein Gehirn, dass du auf deinen Bruder und seine Bauklötze wütend bist. Das ist eine Situation, in der du dich selbst nicht besonders gut kennst. Sich nicht zu kennen, führt zu Problemen. Je mehr du deiner Mutter sagst,

dass sie dich herumkommandiert, desto unwahrscheinlicher ist es, dass sie mit dir Plätzchen backt (was du ja eigentlich möchtest). Wenn du auf deinen kleinen Bruder böse bist, bringt dich das deinem Ziel – mit deiner Schwester Fußball zu spielen – nicht näher.

Hier muss die Geschichte aber nicht enden. Du kannst dich selbst besser kennenlernen. Am besten funktioniert das, wenn du dich immer wieder fragst, was du gerade fühlst. Du kannst dich fragen: Was ist zuvor passiert, das mich verärgert hat? Was hat diese Verärgerung ausgelöst – vermutlich nicht etwas, das in den letzten drei Sekunden, sondern eher davor oder sogar am vorherigen Tag passiert ist?

Stell dir dein Gefühl so vor, als wäre es eine unglaublich lange Schlange, die von einem Ast herunterhängt. Da, wo du stehst, kannst du den Kopf der Schlange und ihre gespaltene Zunge sehen: Das ist dein Gefühl der Wut. Du kannst aber den Schwanz nicht sehen und das ist der eigentliche Grund, warum du wütend bist. Um welchen Ast schlängelt sich der Schwanz? Ist es der Kommandier-Ast oder der Plätzchen-Ast, ist es der Kleine-Bruder-Ast oder der Fußball-Ast? Das musst du herausfinden. Du versuchst, den wütenden Kopf der Schlange mit dem Schwanz zu verbinden. Wenn du also wütend bist, kannst du dich fragen: Wo befindet sich der Schwanz dieses Gefühls? Von welchem Ast hängt er herab?

Ein großer Teil der Philosophie besteht darin, sich zu fragen, woher die eigenen Gefühle kommen: Warum bin ich wütend? Was stört mich wirklich? Wer hat mich verärgert? Das ist nicht nur etwas, das Kinder tun können – auch Erwachsene sollten etwas mehr Zeit auf solche Fragen verwenden. Je besser du deine Gefühle kennst, desto leichter fällt es dir, anderen zu erklären, was du gerade durchmachst.

EINE IDEE VON SOKRATES

Diese große, wichtige Idee, mit der wir uns gerade beschäftigt haben (dass wir uns selbst nicht besonders gut kennen), stammt von einem Mann namens Sokrates. Sokrates lebte vor über 2000 Jahren in Athen. Er trug lange Gewänder (wie alle in jener Zeit) und einen langen Bart, der vermutlich etwas roch, weil er mit dem Denken so beschäftigt war, dass er oft vergaß, sich zu waschen.

Er ging gerne durch die Stadt spazieren, traf Freunde und stellte ihnen viele Fragen. Er fragte sie, worüber sie sich freuten, Sorgen oder Gedanken machten. Er hatte die Idee, dass Menschen oft nicht wissen, warum sie bestimmte Gedanken und Gefühle haben. Sokrates erfand die Philosophie, um uns zu helfen, uns selbst besser zu verstehen. Sokrates war ein großer Fan des Wortes *Warum*. Deshalb stellte er den Menschen unablässig knifflige Warum-Fragen: Warum bist du mit dieser Person befreundet? Warum magst du dieses oder jenes nicht? Er war nicht gemein oder sonderbar, er wollte eine interessante Diskussion führen. Er wollte den Menschen ein *Denkerfreund* sein.

Du kannst auch so sein wie Sokrates, indem du dein eigener Denkerfreund, deine eigene Denkerfreundin wirst. Dafür musst du dich nur selbst fragen, was du gerade fühlst: Warum bin ich wütend auf meine Mutter? Warum ist mir danach, in die Bauklötze meines Bruders zu treten? Wenn du damit beginnst, machst du etwas ganz Besonderes. Du beteiligst dich an der großen Konversation der Philosophie, die geführt wird, seitdem sich Sokrates in Athen mit seinen Freundinnen und Freunden zum Plaudern zusammengesetzt hat.

GROSSE IDEE #2

LERNE ZU SAGEN, WAS DIR DURCH DEN KOPF GEHT

Dank Sokrates, unserem Denkerfreund aus dem antiken Griechenland, haben wir gelernt, wie man sich selbst besser kennenlernen kann. Allerdings kann es manchmal ein anderes Problem geben: Du kennst dich schon ziemlich gut, aber du wünschst dir, dass andere Menschen dich besser verstehen.

Das Merkwürdige und Wichtige daran, du selbst zu sein, ist, dass nur du allein weißt, was du denkst und fühlst. Andere Menschen verstehen nicht automatisch, was in deinem Kopf los ist – das werden sie auch nicht, wenn du nicht versuchst, es genau zu erklären. Das erfordert in der Regel sehr viele Worte. Sie können nicht erraten, was du denkst oder fühlst, obwohl wir uns alle manchmal wünschen, dass sie es könnten, und uns das sogar einbilden.

Dein Kopf ist wie eine Schachtel, in der all deine Gedanken und Gefühle stecken. Du kannst sehen und unmittelbar fühlen, was sich in dieser Schachtel befindet, aber davon abgesehen, hat niemand diesen direkten Zugang. Deine Gedanken und Gefühle sind so unsichtbar für andere Menschen, wie sie für dich eindeutig sind. An dieser Stelle lauert deshalb eine große Gefahr: Andere Menschen mögen dich nicht verstehen, doch du denkst, dass sie es tun – zumindest sollten sie es doch.

Andere Menschen sind nicht gemein oder doof, wenn sie nicht verstehen, was in deinem Kopf vor sich geht (auch wenn sich das vielleicht manchmal so anfühlt). Man muss es ihnen sagen – du musst es ihnen sagen. Das kann sehr schwierig und anstrengend sein, aber es muss getan werden.

Als du noch ein Baby warst, konnten die Erwachsenen leicht erraten, was sich in deiner *Kopf-Schachtel* befand. Damals hast du nur einfache Dinge von anderen Menschen gebraucht. Du warst hungrig, schläfrig oder wolltest spielen. Als Baby musstest du das nicht groß erklären. Liebe Menschen haben deine Bedürfnisse erkannt, und meistens lagen sie mit ihren Vermutungen richtig.

Als Baby war es schön, Menschen um sich zu haben, die erraten, was du gerade denkst oder fühlst. Doch wenn du älter wirst, wird das zu einem Problem: Daran gewöhnt zu sein, dass diese lieben Menschen in der Lage sind, zu erraten, was in deinem Kopf vor sich geht, könnte dafür sorgen, dass du automatisch denkst, dass es immer so sein wird. Dass du denkst: Wenn Menschen nett und lieb sind, kennen sie den Inhalt meiner Gedanken. Allerdings werden deine Gedanken und Gefühle, je älter du wirst, sehr viel komplexer. Du bist nicht nur müde, hungrig oder musst mal auf die Toilette. Du machst dir Gedanken über unglaublich viele verschiedene Dinge. Das hat zur Folge, dass andere Menschen nicht unbedingt wissen können, was du wirklich denkst oder fühlst.

Nehmen wir mal an, dass du auf eine Party gehen musst, auf die du überhaupt keine Lust hast. Du weißt, dass auch ein Junge da sein wird, den du nicht magst. Er ist unangenehm, und du hast gehört, wie er etwas Schlimmes über eine Freundin gesagt hat. Deine Mutter erinnert dich immer wieder, dass du dich beeilen sollst, weil du dich ansonsten verspätest. Du möchtest dich aber nicht fertigmachen und auch überhaupt nicht auf diese Party gehen. Also fragt sie dich, ob du dich nicht so gut fühlst und beinahe sagst du Ja, doch du hast keinen richtigen Grund dafür. Deine Mutter versucht, geduldig zu bleiben, aber du merkst, dass sie gerne loswill. Als Nächstes fragt sie dich, ob dich deine Schuhe stören oder du etwas anderes, das du trägst, nicht magst. Und du denkst dir nur, was für eine Idiotin sie ist, weil sie dich einfach nicht versteht.

Das passiert, weil man manchmal nur allzu leicht vergisst, etwas in Worte zu fassen, oder weil man zu verängstigt oder verlegen dafür ist. Du möchtest, dass ein Erwachsener errät, was du denkst, so wie damals, als du ein Baby warst. Du wirst sauer, bist genervt und frustriert, weil sie es noch immer nicht erkennen. Du hast den Eindruck, dass sie dumm sind, wenn sie mit ihrer Vermutung nicht richtig liegen. Dabei vergisst du, dass es nicht ihr Fehler ist, dass sie es nicht wissen – es liegt daran, dass sie nicht in deinen Kopf hineinschauen können.

Es kann vorkommen, dass du gar nicht erzählen möchtest, worüber du dir alles Gedanken machst, weil es sich ein wenig seltsam anfühlt. Vielleicht hast du keine Lust darauf, schwimmen zu gehen, weil du es nicht magst, wenn andere Menschen deinen Körper sehen (obwohl du sehr gerne schwimmst), oder du hast keine Lust, deine Großeltern zu besuchen, weil du deine Oma nicht so gerne magst (obwohl du davon ausgehst, dass man Omas gernhaben muss). Es kann sich seltsam anfühlen, solche Gedanken laut auszusprechen. Doch wenn du versuchst, diese Gefühle in Worte zu fassen, könnten deine Eltern das vielleicht sogar sehr gut nachvollziehen. Sie waren auch einmal jung und haben in ihrem Leben schon einige komplizierte Erfahrungen gemacht.

Wenn du anderen Menschen nicht erklärst, wie du dich fühlst, bekommst du das Gefühl, als gäbe es kein Entkommen. Es fühlt sich so an, als verstünde dich niemand und als wärst du ganz allein auf der Welt. Manchmal möchtest du nur in deinem Zimmer sitzen und weinen. Wenn du aber damit beginnst, anderen zu erklären, was dir auf dem Herzen liegt, wird es besser. Sie werden zwar noch immer nicht in der Lage sein, genau das zu tun, was du dir wünschst, oder gar deine Probleme zu lösen, doch sie beginnen zu verstehen, was du denkst und dann wirst du dich nicht mehr so einsam fühlen. Zu wissen, dass jemand versteht, was in dir vorgeht, ist ein sehr schönes Gefühl – und manchmal kann es fast so gut sein, mit einer anderen Person über ein Problem zu sprechen, wie etwas zu bekommen, das man sich wünscht.

EINE IDEE VON LUDWIG WITTGENSTEIN

Die Frage, wie wir andere dazu bringen können, uns besser zu verstehen, hat einen Philosophen namens Ludwig Wittgenstein besonders beschäftigt. Er lebte in der ersten Hälfte des 20. Jahrhunderts, von 1889 bis 1951. Er kam aus Österreich, doch die meiste Zeit lebte und arbeitete er an anderen Orten – vor allem in England. Sein Lieblingsessen war Brot mit Käse, und er mochte es, ins Kino zu gehen und Drachen steigen zu lassen. Er war sehr reich, ging aber vielen Tätigkeiten nach: Er reinigte Krankenhäuser, unterrichtete an einer Schule, war für eine Weile Gärtner und unterrichtete Studierende an der Universität – er entwarf sogar ein schönes Haus für seine Schwester in Wien. Er hatte auch vor, ein Flugzeug zu bauen, doch dazu kam es nie.

Wittgenstein war gern allein, auf dem Land in Norwegen besaß er eine kleine Hütte, in die er sich zurückziehen konnte, um nachzudenken. Er interessierte sich sehr für unseren Umgang mit Worten. Er sagte, manchmal erschaffen wir Bilder mit Worten, sodass andere Menschen verstehen können, worüber wir nachdenken. Nehmen wir an, du sagst: »Ich habe heute einen interessanten Hund gesehen.« Darunter wird man sich als Zuhörer nicht viel vorstellen können, deshalb könntest du stattdessen detailreicher erzählen: Er hatte lange Schlappohren, einen sehr kurzen Schwanz und nur drei Beine. Diese beschreibenden Worte helfen anderen Menschen, sich ein Bild in ihrem Kopf zu machen, das dem Bild in deinem Kopf entspricht. Wenn Menschen sich gegenseitig nicht verstehen, liegt es laut Wittgenstein daran, dass sich die Bilder in den jeweiligen Köpfen nicht genug ähneln. Wenn jemand etwas nicht versteht, das aus deiner Sicht ziemlich klar erscheint, versuche, es noch sorgfältiger zu beschreiben, statt frustriert zu sein. Schau mal, ob das hilft.

GROSSE IDEE #3

WARUM WIR NICHT WISSEN, WAS WIR WIRKLICH WOLLEN

Im Leben können sich viele schöne Dinge ereignen. Man freut sich immer auf etwas oder macht Pläne, die einen beglücken, wenn sie sich erfüllen. Doch wenn man sich von etwas erhofft, dass es einen glücklich macht, sobald es eintritt, ist es oft so, dass man dann gar nicht so zufrieden ist, wie man es sich erhofft hatte! Erwachsenen passiert das ganz oft.

Vielleicht wolltest du einmal unbedingt ein Frisbee haben. Du hast beobachtet, wie andere damit gespielt haben, und es sah so aus, als hätten sie Spaß gehabt. Als du dann eins bekommen hast, hast du gerade mal ein paar Minuten damit gespielt, bis du festgestellt hast, dass dir Frisbee spielen gar nicht gefällt und es nicht so viel Spaß macht. Oder du wolltest unbedingt die Wände deines Zimmers in deiner Lieblingsfarbe streichen – in einem kräftigen Gelb oder Türkis. Die Idee erschien großartig, doch nachdem du die Wände gestrichen hattest, sah es einfach nur schlimm aus; du hättest das mit dem Streichen lieber bleiben lassen sollen.

Wenn so etwas passiert, und es sich nicht so anfühlt, wie du es erwartet hast, heißt das nicht, dass es nichts gibt, das dich richtig glücklich macht. Es zeigt dir nur (wie allen), wie schwierig es ist, im Voraus zu wissen, ob etwas wirklich so schön ist, wie man es sich ausmalt.

Doch wieso ist das so? Und wie kann man dafür sorgen, dass sich die Dinge besser entwickeln? Der Grundgedanke an dieser Stelle ist, dass man beginnen muss, sich noch viel mehr Fragen zu stellen, wenn man etwas haben will. Anstatt nur zu warten und zu hoffen, etwas zu bekommen, muss man innehalten und sich fragen, ob es auch das Richtige ist, was man sich da wünscht. Wie immer bedeutet Philosophie, sich die Frage nach dem Warum zu stellen und nicht aufzugeben, bis man sich sicher ist, die Antwort gefunden zu haben – zumindest so sicher, wie man sein kann.

Es ist schwer, herauszufinden, was man will. Dazu gehört, dass sich jede und jeder von uns immer wieder verändert. Allein während des letzten Jahres hast du dich wahrscheinlich schon ziemlich verändert, weshalb du manches, was du dir noch vor einem Jahr gewünscht hast, inzwischen nicht mehr so interessant findest. Das Problem ist, dass das Gehirn mit unserer Veränderung nicht immer so gut Schritt halten kann. Es kann sein, dass es noch nicht richtig registriert hat, dass du dich weiterentwickelt hast. Das kann dazu führen, dass du meinst, noch immer etwas haben zu wollen, obwohl du es inzwischen langweilig findest, oder es dich nicht so glücklich macht, wie es dich zu einem früheren Zeitpunkt gemacht hätte.

Ein weiterer Grund ist, dass manches so viel besser klingt, als es dann in Wirklichkeit ist. Vielleicht klingt es richtig cool, in einem Iglu zu übernachten, aber in Wahrheit ist es einfach nur nass, kalt und ein bisschen gruselig.

Dass wir uns falsch entscheiden, liegt vor allem daran, dass wir uns sehr von den Meinungen anderer Menschen beeinflussen lassen. Dein Freundeskreis findet Wasserparks toll, du aber magst sie eigentlich gar nicht so sehr.

Das bedeutet nicht, dass du seltsam bist oder dich dazu zwingen solltest, sie zu mögen und so zu tun, als würdest du gerne hingehen. Die Wahrheit ist, dass du nicht ganz genau so bist wie deine Freund*innen und sie sind auch

nicht genau so wie du, deshalb macht sie nicht dasselbe glücklich, woran du Freude hast.

Es klingt zunächst etwas merkwürdig, aber zu entscheiden, was man sich zum Geburtstag oder zu Weihnachten wünscht, ist eine philosophische Frage. Du solltest dir dafür Zeit nehmen. Die Frage »Was möchte ich?« ist eine große, wichtige Angelegenheit – und große, wichtige Fragen benötigen Zeit, bis man sie beantworten kann. Nicht nur Kinder oder Jugendliche haben Schwierigkeiten herauszufinden, was sie wollen. Auch Erwachsene haben ihr Leben lang Schwierigkeiten damit. Kinder und Erwachsene sind gar nicht so verschieden, wie es manchmal scheint.

Die Werbung vermittelt uns das Gefühl, dass wir noch mehr Dinge wollen, und versucht uns einzureden, dass uns etwas glücklich machen wird, wenn wir es kaufen. Zum Beispiel zeigt uns eine Reklame eine Person, die eine sehr teure, neue Uhr trägt und damit unglaublich glücklich aussieht. Beim Betrachten dieser Reklame denkt unser Gehirn: »Wenn ich diese Uhr kaufe, werde ich mich so gut fühlen wie diese Person.« Es mag eine richtig tolle Uhr sein, aber das Problem ist, dass das Glücksgefühl nicht mit dieser neuen Uhr zusammenhängt. Vielmehr fühlt man sich glücklich, wenn man ein gutes Verhältnis zu seinen Freund*innen, Spaß in der Schule und in der Arbeit, Erholungspausen und ausreichend Bewegung hat. Die Uhr selbst kann keinen großen Unterschied bewirken. Wir wollen etwas haben, weil wir uns damit gut fühlen wollen. Doch es sind nicht die Dinge, die uns glücklich machen, sondern Erfahrungen und Beziehungen. Wir mögen denken, dass eine Uhr oder ein neues Paar Schuhe die Antwort auf all unsere Fragen sind, doch das sind sie nicht. Dasselbe gilt für Autos, Handtaschen, Privatjets, neue Smartphones oder selbst den Besuch eines noblen Restaurants. Es ist erstaunlich zu sehen, wie stark verankert dieses Denken und Handeln weltweit noch ist.

EINE IDEE VON SIMONE DE BEAUVOIR

Die französische Philosophin Simone de Beauvoir interessierte sich für die Frage, warum es uns so schwerfällt, zu wissen, was wir möchten. Sie wurde 1908 in Paris geboren, in einer Zeit, als die ersten Autos produziert wurden, und starb 1986, als fast alle Westeuropäer ein Auto besaßen. Sie mochte Partys, schöne Kleider und reiste gerne. Sie verfasste viele Bücher und war sehr gut mit einem anderen Philosophen befreundet, den wir später näher kennenlernen werden – Jean-Paul Sartre (siehe Seite 104). Fast jeden Tag aßen sie gemeinsam zu Mittag und sprachen dabei über die Bücher, die sie gerade schrieben. De Beauvoir hatte viele Freund*innen, die auch in ihren Büchern auftauchen (und die sich manchmal etwas darüber ärgerten). Sie dachte darüber nach, wie leicht wir davon abkommen, uns auf das zu konzentrieren, was wir *wirklich* wollen und uns stattdessen dem anschließen, was andere wollen. Sie stellte fest, dass wir so sehr auf die Meinung anderer achten, dass wir vergessen, uns selbst zu fragen, was wir wollen. Laut de Beauvoir ist unsere wichtigste Aufgabe, herauszufinden, was wir wollen.

De Beauvoir ging gerne einkaufen, aber sie war nicht an Sachen interessiert, die teuer und schick waren. Sie war ein großer Fan von günstigen Läden. Wenn sie auf Vortragsreisen in New York war, liebte sie es, in Ein-Dollar-Shops einkaufen zu gehen. De Beauvoir war der Ansicht, dass wir alle unser Leben genießen wollen, doch den Fehler begehen, die Gegenstände, die wir kaufen, für den Schlüssel zu unserem Glück zu halten. Meistens ist es jedoch viel wichtiger, dass wir genug Zeit haben und die Freiheit, das zu tun, worauf wir Lust haben.

Vergiss das nicht, wenn du darüber nachdenkst, was du willst. Frage dich, ob du etwas wirklich möchtest, oder ob du nur denkst, dass du es haben willst. Wenn du es nicht bekommst, denk daran: Es hätte dich höchstwahrscheinlich eh nicht glücklich gemacht.

1-Dollar-Shop
Alles 10 ct
10ct
10ct
10ct
10ct
Alles 10 cent

WENN JEMAND WÜTEND IST, LIEGT DAS WAHRSCHEINLICH NICHT AN DIR

Es ist furchtbar, wenn Menschen (vor allem Eltern) gereizt oder genervt sind. Manchmal knallen sie mit den Türen, schreien oder knurren, wenn sie angesprochen werden. Wenn Menschen sich so verhalten, kann es sich so anfühlen, als wären sie auf dich sauer, und das gibt dir ein schlechtes Gefühl – und es kommt dir ungerecht vor. Doch auch wenn sich das so anfühlen mag, vielleicht bist du nicht der Grund dafür.

Die Fabel *Androklus und der Löwe* spielt im alten Ägypten. In dieser Geschichte streift ein Löwe nachts durch ein Dorf und brüllt so schrecklich laut, dass sich alle fürchten. Sie denken, dass der Löwe böse auf sie ist. Eines Tages geht ein Mann namens Androklus spazieren, als es zu regnen beginnt. Er findet Schutz in einer Höhle, es ist die Höhle, in der der Löwe lebt. Androklus glaubt, dass der Löwe ihn fressen würde, doch dann sieht er, dass ein Stachel in der Pfote des Löwen steckt. Der Löwe hat keinen Hass auf die Menschen im Dorf, er brüllt so laut, weil er Schmerzen hat.

Die Geschichte hat eine interessante Botschaft. Wütende Menschen (oder Löwen) ärgern sich meist über etwas, das man nicht sehen kann. Nur allzu oft steckt irgendwo ein Stachel in ihrem Fleisch.

Das ist ein seltsamer und zugleich spannender Gedanke: Wir denken oft, einen Menschen sehr gut zu kennen, doch eigentlich wissen wir nur ganz wenig über sein Leben. Vieles können wir gar nicht sehen. Deine Eltern können nicht wissen, wie es tagsüber für dich in der Schule gelaufen ist, und es gibt sicherlich vieles, über das du gar nicht sprechen möchtest. Das gilt auch für deine Eltern. Zu Hause wirken sie so groß und stark, und in gewisser Weise kennst du sie auch sehr gut, aber sie haben tagsüber mit Schwierigkeiten zu kämpfen, bei denen du nicht dabei bist.

Androklus' Verhalten in der Fabel ist ungewöhnlich: Er hat den Stachel in der Pfote des Löwen gesehen und dadurch erkannt, warum der Löwe so schlecht gelaunt war. Du kannst jedoch meistens nur Vermutungen aufstellen, inwiefern andere Menschen innerlich verletzt oder geschwächt sind. Deine Mutter (oder dein Vater) hatte tagsüber vielleicht eine schwierige Sitzung bei der Arbeit oder sie hatte sehr viel zu tun, weshalb sie nun sehr erschöpft ist. Das sind die Gründe, warum sie gereizt ist, es hat nichts mit dir zu tun. Die Sitzung oder der anstrengende Tag sind wie der Stachel in der Pfote des Löwen. Weil du den Tag nicht mit ihr auf der Arbeit verbracht hast, kannst du die Gründe für ihre Gefühle nicht kennen, deshalb fühlt es sich für dich so an, als wäre sie böse auf dich. Viel wahrscheinlicher ist es aber, dass es nichts mit dir zu tun hat.

Für uns alle ist es wichtig, daran zu denken, dass jeder Mensch einen Stachel hat, den wir nicht sehen können. Lass dich nicht ärgern, weil jemand schlecht gelaunt ist oder dich angeschnauzt hat – versuche dir stattdessen vorzustellen, was das Problem sein könnte, um einen Weg zu finden, der Person zu helfen.

EINE IDEE VON IBN SINA

Viele Philosoph*innen haben sich dafür interessiert, wie leicht es dazu kommen kann, dass wir andere Menschen missverstehen. Oder dass wir denken, jemand wäre wütend auf uns, obwohl etwas anderes dahinter steckt. Einer der wichtigsten Philosophen auf diesem Gebiet war ein Mann namens Ibn Sina, auch unter dem Namen Avicenna bekannt.

Ibn Sina lebte vor tausend Jahren und die meiste Zeit im Iran (damals hieß es Persien). Er war Wissenschaftler und ein sehr erfolgreicher Arzt, viele Prinzen und Herrscher ersuchten seinen Rat. Sina war ein frommer Muslim, aber er war auch sehr neugierig und interessierte sich für viele verschiedene Ideen und Religionen. Er verbrachte viel Zeit damit, die beiden griechischen Philosophen Sokrates und Aristoteles zu studieren. Ibn Sina arbeitete sehr viel; oft blieb er lange wach, um zu lesen, zu schreiben und zu studieren.

Ibn Sina vertrat die Meinung, dass jeder Mensch zwei Seiten hat: eine äußere Seite, die sichtbar ist, und eine innere (die er *Seele* nannte), die man nur selbst kennt. Wir lernen andere Menschen darüber kennen, was sie sagen und tun, doch oft sehen wir nicht genug, um uns ein wahrhaftiges Bild von ihnen zu machen. Es ist erstaunlich, dass jemand, der vor so langer Zeit gelebt hat, so gut ableiten konnte, warum wir andere Menschen nicht gut oder falsch verstehen, warum wir denken können, jemand wäre wütend, obwohl sein Ärger mit etwas ganz anderem in Verbindung steht. Die Ursache kann von außen nicht sichtbar sein, aber man kann lernen, sie sich vorzustellen.

MENSCHEN SIND UNGLÜCKLICH, NICHT GEMEIN

Manche Kinder sind nicht besonders nett zu ihren Geschwistern oder Mitschüler*innen. Sie beschimpfen und hänseln sie oder versuchen, ihnen den Spaß zu verderben. Sie geben vor, mit ihnen befreundet zu sein, lästern dann aber hinter ihrem Rücken über sie. Es scheint so, als wollten sie, dass sich alle anderen klein und dumm fühlen. Gemobbt zu werden, kann sehr schlimm und beängstigend sein. Warum aber sind Menschen gemein? Wieso möchte eine Person, dass sich eine andere Person schlecht fühlt?

Die Antwort überrascht dich vielleicht: Es liegt daran, dass sich diese Person selbst klein und schlecht fühlt. Das sieht man ihr nicht an, weil sie stark, selbstbewusst und selbstzufrieden wirkt. Vielleicht lacht sie viel – auch über dich.

Doch wenn du genauer darüber nachdenkst, wirst du schnell darauf kommen, dass kein zufriedener Mensch möchte, dass sich jemand anderes schlecht fühlt. Menschen, die tatsächlich stark und selbstbewusst sind, sind fast immer sanft und freundlich zu anderen. Wenn eine Person gemein ist und andere mobbt, liegt es daran, dass jemand oder etwas sie gerade oder in der Vergangenheit stark verängstigt hat. Vermutlich wirst du niemals etwas Näheres erfahren, aber du kannst es dir vorstellen. Ein gemeiner, älterer Bruder. Eine herumkommandierende Mutter. Eltern, die sich andauernd anschreien.

Innerlich ist diese Person, die so stark und furchtlos erscheint, traurig und voller Sorgen. Sie hat viel zu große Angst davor, dass jemand erkennt, wie schwach sie sich eigentlich fühlt, deshalb versucht sie sich stärker zu geben, indem sie andere heruntermacht.

Diejenigen, die verletzt wurden, verletzen andere. Diese Erkenntnis löst natürlich nicht das Problem, wenn jemand fies zu dir ist, vielleicht hilft sie aber ein wenig. Sie kann dich daran erinnern, dass du es nicht verdient hast, so schlecht behandelt zu werden, dass es nicht daran liegt, was du getan hast, und dass mit dir alles in Ordnung ist. Am besten kannst du eine mobbende oder eine gemeine Person verstehen, indem du dich in sie hineinversetzt. Denk an eine Situation, in der du selbst nicht so nett zu einem anderen Menschen warst. Die meisten haben sich irgendwann einmal gemein verhalten oder hatten es zumindest vor, auch wenn sie letztlich nichts gesagt oder getan haben. Das ist nicht schlecht oder falsch, es gehört zum Leben dazu. Denk nun daran, warum du gemein zu dieser Person warst – fast immer liegt es daran, dass man von etwas anderem genervt ist und nicht weiß, wie man es wieder in Ordnung bringen kann.

Für ältere Kinder ist es zum Beispiel ganz normal, einem neugeborenen Baby gegenüber ein bisschen fies zu sein. Erwachsene finden Babys niedlich. Sie schenken ihnen alle Aufmerksamkeit und betonen, wie süß sie doch seien. Eltern verbringen sehr viel Zeit damit, sich um das Baby zu kümmern. Wenn du etwas älter bist und deine Eltern ein neues Baby bekommen, ist es nicht verwunderlich, wenn du dich darüber ärgerst. Wahrscheinlich denkst du, dass man dir mehr Aufmerksamkeit schenken sollte. Vielleicht willst du anderen zeigen, dass auch du wichtig bist – und eigentlich viel besser als dieses langweilige Baby, das alle Welt so sehr liebt. Also suchst du jemanden, der schwächer und etwas kindlicher ist, und wirst ihm oder ihr gegenüber gemein. Du fühlst dich dadurch stark und besser, weil

du weißt, dass sich nun jemand genauso schlecht fühlt wie du. Natürlich ist das nicht nett, aber es ist nachvollziehbar. Wenn wir so traurig und wütend sind, haben wir manchmal das Gefühl, nicht umhin zu können, als uns so zu verhalten. Wenn du dir bewusst machst, warum du nicht nett zu anderen Menschen bist, kann dir das helfen, wenn jemand anderes nicht nett zu dir ist.

Etwas zu verstehen, bedeutet nicht, diese Handlungen gutzuheißen. Wenn dich jemand mobbt oder verletzt, wird sich das Problem nicht auflösen, nur weil du in der Lage bist zu verstehen, wie unglücklich diese Person in ihrem Inneren sein muss. Du kannst deine Probleme mithilfe der Philosophie nicht in einem Rutsch lösen. Doch wenn du die Hintergründe verstehst, hast du nicht mehr so viel Angst. Und das ist immerhin ein guter Anfang.

GEMEINHEITEN UND UNGLÜCKLICHSEIN

Erstelle eine Liste der Menschen, die gemein zu dir sind. Schreib dann auf, warum du denkst, dass sie unglücklich sein könnten. Wie könnten ihre Gemeinheiten und ihr Unglücklichsein zusammenhängen?

PERSON, DIE GEMEIN IST	GRÜNDE, WARUM SIE UNGLÜCKLICH SEIN KÖNNTE

EINE IDEE VON ZÄR'A YAQOB

Ein Philosoph, der sich viele Gedanken darüber gemacht hat, warum Menschen gemein zueinander sind, war Zär'a Yaqob. Er wurde 1599, vor über 400 Jahren, in Äthiopien geboren. Seine Eltern waren arm, und er wuchs auf einem kleinen Bauernhof auf; als Erwachsener wurde er Lehrer.

Zu jener Zeit war Äthiopien in verschiedene religiöse Gruppierungen gespalten, die sich erbittert bekämpften. Zär'a Yaqob wollte sich aber auf keine Seite schlagen. Einige erzählten dem König Lügen über ihn, weshalb er sich verstecken musste. Er lebte zwei Jahre allein in einer Höhle. Das mag schrecklich klingen, aber er war gern allein, und in der Höhle lernte und dachte er mehr nach als in der Schule. Schließlich kam ein neuer König an die Macht, Zär'a Yaqob konnte seine Höhle verlassen und wieder in der Stadt leben. Er fand Arbeit und unterrichtete die Kinder eines reichen Geschäftsmannes – er war ein sehr guter Lehrer und die Familie behandelte ihn gut. Später heiratete er und gründete eine Familie.

Zär'a Yaqob war der Meinung, dass das Leben für jeden Menschen schwierig ist. Jeder Mensch leidet. Das ist ein trauriger Gedanke, der uns freundlich und mitfühlend stimmen lassen sollte. Manche Menschen werden jedoch unabsichtlich gemein und grausam. Wenn sie andere verletzen, lindert das ihren eigenen Schmerz – zumindest denken sie das. Zär'a Yaqob glaubte, dass wir weniger wütend auf andere Menschen sind, wenn wir uns unsere eigene Traurigkeit eingestehen – und dass es dadurch zu weniger Leid weltweit kommt.

ERWARTE NICHT ZU VIEL

Stell dir vor, wie du dich wahnsinnig auf etwas freust. Vielleicht steht dein Geburtstag bevor oder du hast bald Ferien. Du beginnst dir auszumalen, wie schön es wird. Alles wird wunderbar! Du bekommst all die Geschenke, die du dir gewünscht hast, oder du bist jeden Tag am Strand und gehst schwimmen. Alle werden glücklich sein und nichts wird schiefgehen. Aber wenn es dann so weit ist, stimmt an deinem Geburtstag (oder in den Ferien) etwas nicht. Die Geschenke sind zwar toll, aber es sind auch ein paar langweilige dabei, die du dir gar nicht gewünscht hast. In den Ferien gehst du zwar schwimmen, aber nicht jeden Tag: An einem Tag musst du deine Mutter in eine Kunstgalerie begleiten, an einem anderen regnet es ununterbrochen. Deine Eltern sind sichtlich genervt, wenn du sie unablässig fragst: »Können wir jetzt zum Strand gehen?« Du bist mürrisch und gereizt. Du dachtest, es würde alles so großartig werden – und nun ist es das nicht. Doch das Seltsame an der Sache ist, dass dein Geburtstag und die Ferien am Ende gar nicht so furchtbar waren. Es war sogar ganz gut. Nur eben nicht so gut, wie du es dir vorgestellt hast.

Manchmal geht das auch umgekehrt. Man stellt sich vor, wie etwas richtig schlimm wird. Eine neue Lehrerin fängt an deiner Schule an, und du hast nur Schlechtes über sie gehört. Offensichtlich ist es so, dass sie oft laut schreit und die Schüler*innen niemals etwas Interessantes oder Lustiges im Unterricht machen lässt. Doch als die neue Lehrerin in deine Klasse kommt, stellt sich heraus, dass sie sehr viel netter ist als erwartet. Ja, sie schreit ein wenig, aber ist irgendwie auch lustig. Sie ist ziemlich streng, aber sie zeigt dir, wie du besser in Kunst wirst und ihr macht unterhaltsame Experimente. Du hattest mit dem Schlimmsten gerechnet, deshalb ist es eine nette Überraschung, dass sie gar nicht so schlimm ist. Ob du dich über etwas ärgerst oder freust, hängt maßgeblich von deinen Erwartungen ab. Wenn du erwartest, dass die Dinge perfekt laufen, ist es nicht verwunderlich, wenn du enttäuscht wirst. Wenn du hingegen etwas Negatives erwartest, erlebst du recht häufig eine nette Überraschung.

Es gibt einen bewährten Trick, den du anwenden kannst, damit du häufiger eine schöne statt einer enttäuschenden Überraschung erlebst. Wenn du versuchst, deine Hoffnungen nicht zu hoch anzusetzen, dann wird es meist besser als erwartet. Vor allem wirst du dich freuen, ohne dass du dafür etwas tun musst. Und selbst wenn der Hauch einer Enttäuschung in der Luft liegt, denk daran: Es könnte schlimmer sein. Keine Sorge – nur weil du dir etwas Negatives vorstellst, heißt das nicht, dass es auch eintritt. Wenn du dir vorstellst, einen Kohlebrocken zum Geburtstag zu bekommen, bedeutet das nicht, dass du auch tatsächlich einen bekommst. Wenn du dir vorstellst, wie du den Bus morgens verpasst, heißt das nicht, dass du ihn auch verpassen wirst. Wie du dir die Dinge in der Zukunft vorstellst, führt nicht dazu, dass sie genau so eintreten. Es bewirkt etwas anderes: Es schützt dich und bereitet dich darauf vor, wenn die Dinge (manchmal) schiefgehen.

Du kannst also in Zukunft immer verärgert reagieren, wenn etwas schiefläuft, oder überrascht sein, wenn etwas besser läuft als erwartet. Eine niedrige Erwartungshaltung ist ein wesentlicher Bestandteil dessen, was Philosoph*innen ausmacht.

EINE IDEE VON SENECA

Vor langer Zeit lebte ein Philosoph im antiken Rom, der gründlich darüber nachdachte, warum Menschen wütend werden. Sein Name war Seneca. Seneca war Geschäftsmann und Politiker, doch er war auch ein wichtiger Philosoph (manchmal vergessen wir, dass man Philosoph sein und gleichzeitig anderen Tätigkeiten nachgehen kann).

Eines Tages bekam Seneca die schwierigste Aufgabe der Welt – er wurde zum Lehrer eines sehr furchteinflößenden jungen Mannes namens Nero ernannt, der später Kaiser wurde. Wenn jemand nicht über seine Witze lachte, wurde er furchtbar wütend, und es war nicht ungewöhnlich, dass er diese andere Person erstach oder sie ins Gefängnis werfen ließ. Seneca begriff, dass Neros eigentliches Problem darin lag, zu hohe Erwartungen zu haben. Für Nero

musste alles perfekt sein und immer, wenn es das nicht war, verlor er die Beherrschung.

Seneca erklärte ihm, dass seine Wutanfälle durch seinen Optimismus ausgelöst wurden. Optimismus bedeutet zu denken, dass alles sehr gut ablaufen wird, und zwar genau so, wie man es sich vorstellt. Laut Seneca ist eine etwas pessimistischere Herangehensweise die bessere, um gelassener und glücklicher zu sein. Pessimist*innen gehen davon, dass sich die Dinge schlecht entwickeln, sie haben generell eine negative Sicht auf die Zukunft. Das ist eine interessante und seltsame Idee zugleich: Unsere Zufriedenheit hängt vielleicht gar nicht davon ab, was tatsächlich passiert, sondern von unseren Erwartungen. Pessimist*innen können manchmal glücklicher sein als Optimist*innen, weil sie ständig die Erfahrung machen, dass etwas viel schöner und besser ist als gedacht.

VIELLEICHT BIST DU EINFACH MÜDE

Wenn man schlecht gelaunt ist, würde man gerne jemandem die Schuld dafür geben. Man hat alles satt, ist gereizt und das Gehirn ist die ganze Zeit damit beschäftigt, den Schuldigen ausfindig zu machen – deinen Lehrer, deine Eltern, deine Freundinnen, deine Geschwister. Manchmal ist es aber nicht die Schuld einer anderen Person, sondern es gibt eine völlig andere Erklärung. Es ist alles in Ordnung, du bist nur schlecht gelaunt und angefressen, weil du nicht genügend geschlafen hast und müde bist.

Stell dir vor, du gehst auf einen Berg zu. Du bist gerade erst losgegangen und hast noch eine Menge Energie, der Berg stellt kein Problem dar. Es macht dir nichts aus. Es wird dir Spaß machen zu sehen, wie schnell du da hochkommst. Doch wenn du bereits eine Weile gegangen bist, deine Beine schmerzen und du außer Atem bist, ist diese Vorstellung ziemlich schlimm. Du kannst ihn nicht bewältigen. Es handelt sich um denselben Berg, aber es fühlt sich anders an – und das liegt daran, dass du müde bist. Das gilt für so vieles, nicht nur für körperliche Aktivitäten. Vielleicht musst du etwa eine schwierige Matheaufgabe lösen. Wenn du voller Energie bist, macht dir das nichts aus. Sie ist schwierig, aber du versuchst es. Wenn du aber sehr müde bist, fällt es dir sehr schwer. Es macht dich wütend und es reibt dich auf, dass du diese Aufgabe erledigen musst. Es handelt sich um dieselbe Matheaufgabe. Der Unterschied liegt darin, dass du müde bist.

Vielleicht ärgert es dich, zu hören, dass du »vielleicht nur müde bist«. Normalerweise fühlt es sich auch nicht so an, als wäre das der Grund für die miese Laune. Das Problem daran ist, dass du zwar müde bist, das aber gar nicht richtig bemerkst. Wieder einmal begreift dein Gehirn nicht, was los ist.

Du bist nicht nur dann schlecht gelaunt, wenn du müde bist. Es kann auch sein, dass du hungrig bist, zu wenig Wasser getrunken hast, zu viel Zeit drinnen verbracht und dich zu wenig im Freien bewegt hast. Es könnte auch sein, dass der Winter schon ewig dauert und du zu wenig Sonne abbekommen hast. All das hat einen Einfluss auf deine Stimmung.

Normalerweise denken wir gar nicht an all diese Dinge, wenn wir schlecht gelaunt sind, stattdessen denken wir, es müsse an jemand anderem liegen. Wir regen uns so auf, dass wir diesen Menschen am liebsten anschreien und ihm sagen wollen, dass er total bescheuert ist. Was uns aber eigentlich guttäte, wäre ein Nickerchen, ein Glas Wasser, etwas Kleines zu essen oder draußen zu spielen. Es ist seltsam – und interessant –, dass man die einfachsten Gründe für die eigene schlechte Laune vergisst. Das Gute an diesen einfachen Gründen ist, dass man sie schnell beheben kann. Es ist nicht so leicht, sich mit einem Freund oder einer Freundin nach einem Streit zu versöhnen, deine Mutter dazu zu bringen, weniger zu arbeiten oder plötzlich supergut im Singen oder im Basketball zu sein – doch ein Glas Wasser kannst du dir einfach holen.

Erwachsene sind besonders schlecht darin, zu erkennen, dass sie vielleicht nur deshalb schlecht gelaunt sind, weil sie müde sind. Sie denken, wenn sie sich schon so mies fühlen, dann muss es auch einen triftigen Grund dafür geben – wahrscheinlich einer, der mit Politik, dem Weltgeschehen oder der

Chefetage in ihrer Firma zu tun hat. Es ist sehr schwierig für sie einzusehen, dass dieses negative Gefühl eine ganz einfache Erklärung haben kann: Vielleicht sind sie am Abend zuvor zu lange aufgeblieben oder sie sollten dringend mal ein Glas Orangensaft trinken.

BIN ICH MÜDE?

Wenn du plötzlich traurig wirst, schau mal, ob einer der Gründe zutrifft, bevor du verzweifelst:

- ◯ Ich habe schon seit Stunden nichts mehr gegessen.
- ◯ Ich bin am letzten Abend sehr spät ins Bett gegangen.
- ◯ Ich hatte einen sehr anstrengenden Tag in der Schule.

Du kannst noch einige weitere »kleine« Erklärungen hinzufügen, warum du das Gefühl hast, sehr große Probleme zu haben:

- ◯ __________
- ◯ __________
- ◯ __________
- ◯ __________

EINE IDEE VON MATSUO BASHO

Der Philosoph Matsuo Basho interessierte sich für die kleinen, einfachen Dinge, die einen großen Einfluss auf unser Leben haben. Er lebte vor über 300 Jahren in Japan. Er kam aus einer sehr einfachen Familie und in jungen Jahren arbeitete er als Diener für einen Adligen, der ein guter Arbeitgeber war und Matsuo dabei half, sich zu bilden. Als er älter wurde, lebte er allein in einer kleinen Hütte und unternahm ausgedehnte Spaziergänge in der Natur. Er wurde ein erfolgreicher Dichter und schrieb sehr, sehr kurze Gedichte, die Haikus genannt werden. Sie waren sehr beliebt, sodass er viel Geld damit verdienen konnte. Doch Basho wollte kein extravagantes Leben führen. Er war sehr naturverbunden, er mochte besonders Bäume und Blumen und liebte es, die Frösche bei einem nahegelegenen Teich zu beobachten. Matsuo Basho war der Meinung, dass wir oft so gestresst und genervt sind, weil wir vergessen, die einfachen Dinge wertzuschätzen. Wir denken, dass nur die großen, komplizierten Angelegenheiten von Bedeutung sind.

Matsuo Basho mochte es, den Menschen zu erzählen, wie sehr er sich an den kleinen Dingen erfreute: morgens eine Tasse Tee, an einem Wintertag ein einfaches Mahl aus Gemüse (er empfahl Lauch), dem Zwitschern eines Vogels lauschen, die Wolken oder Regentropfen beobachten. Er war ein wichtiger Philosoph, der die Menschen auch heute noch an die seltsame Tatsache erinnert, dass sowohl unsere Laune als auch das Gefühl, ob das Leben angenehm oder schlimm ist, von solch kleinen Dingen abhängen kann. Sie scheinen so unbedeutend, und doch bewirken sie in unserem Leben einen großen Unterschied.

GROSSE IDEE #8

WAS NORMAL IST, IST NICHT NORMAL

Wenn sich Menschen verletzende Dinge sagen, benutzen sie oft die Formel »nicht normal«. Sie bezeichnen jemanden als verrückt, seltsam oder einen Freak – es gibt einige Möglichkeiten, um das zum Ausdruck zu bringen, doch gemeint ist immer dasselbe: dass jemand falsch ist, weil er anders ist.

Im Grunde genommen weiß eigentlich niemand so genau, was normal ist. Jede*r hat eine ungefähre Vorstellung davon, aber die ist vermutlich falsch. In einem Freundeskreis ist es vielleicht normal, eine Schwäche für Autos zu haben oder Fan einer bestimmten Band zu sein, aber das ist nur in dieser kleinen Gruppe normal – und es ist sehr wahrscheinlich, dass sich nicht alle gleich stark dafür interessieren, vielleicht sogar nur, um dazuzugehören. In anderen Freundeskreisen ist es wiederum normal, etwas ganz anderes zu mögen.

Was als normal erscheint, kann sich auch schnell ändern. Früher war es normal, dass Kinder nicht zur Schule gingen – stattdessen blieben sie zu Hause und arbeiteten an der Seite ihrer Eltern, meist auf dem Bauernhof. Für sie war es vielleicht sehr seltsam, in einem Klassenzimmer zu sitzen und etwas über die Welt zu lernen. Doch selbst heutzutage kann das, was in der einen Schule für normal gehalten wird, in einer anderen Schule ziemlich unüblich sein. In Japan unterhalten sich die Kinder über ihre Roboterhunde, wenn du aber darüber redest, denken alle um dich herum, dass du merkwürdig bist. Wenn Menschen denken, dass du nicht ganz normal bist, hast du möglicherweise etwas Pech – und das, was du magst, ist vielleicht in deiner Gegend nicht besonders beliebt, woanders oder zu einer anderen Zeit aber schon.

Tatsache ist, dass es sogar normal ist, seltsam zu sein. Das klingt zunächst verrückt. Wie kann es normal sein, seltsam zu sein? Doch es ergibt Sinn, wenn man darüber nachdenkt. *Normal meint: wie andere Menschen.* Wie ticken aber andere Menschen? Das ist viel komplizierter, als man annehmen könnte. Wie wir bereits in diesem Buch erfahren haben, ist es niemals möglich, einen Menschen in seiner Gesamtheit zu betrachten. Alle sind viel seltsamer und interessanter, als sie nach außen hin wirken: Sie haben mitten in der Nacht eigenartige Gedanken, über die sie niemals sprechen würden. Wenn sie allein sind, tun sie sonderbare Dinge, die sie niemals vor anderen Menschen tun würden. Sie verhalten sich auch ganz anders, wenn sie mit ihrer Oma oder ihrer Mutter zusammen sind als in der Schule mit ihren Freund*innen. Das liegt daran, dass sie in der Schule nur einen winzigen Teil von dem zeigen, wer sie sind. Du weißt, wovon wir hier sprechen, denn bei dir ist das ganz genau so. Andere Kinder in der Schule sind oft viel außergewöhnlicher, als sie erscheinen. Wenn du dich manchmal seltsam oder eigenartig fühlst, musst du dir keine Sorgen machen – du hast vermutlich sehr viel mehr mit den anderen gemeinsam, als du denkst. Nur verstecken eben alle meist ihre seltsamen Seiten.

Du könntest auch denken: »Es ist mir egal, ich will nicht normal sein. Was ist daran überhaupt so gut?« Ja, das ist eine gute Frage. Viele Philosoph*innen hatten auf einmal dann gute Ideen, als sie sich nicht mehr darum kümmerten, was andere über sie dachten. Vielleicht ist das bei dir auch so.

EINE IDEE VON ALBERT CAMUS

Albert Camus war ein französischer Philosoph, der 1913 in Algerien zur Welt kam. Algerien gehörte zu jener Zeit zu Frankreich. Seine Eltern waren sehr arm – sein Vater arbeitete auf einem Bauernhof und seine Mutter war Putzfrau. Seine Schule war allerdings sehr gut, und er durchlief eine ausgezeichnete Ausbildung. Er liebte den Strand und war ein sehr talentierter Fußballspieler – er war Torwart und die Mannschaft, in der er spielte, war enorm erfolgreich. Er hatte das Gefühl, als würde er vom Fußballspielen mehr über die Philosophie lernen als aus all den Büchern, die er las.

Als Erwachsener zog Camus nach Paris. Er arbeitete als Journalist für eine Tageszeitung und ging gerne in Cafés. Camus interessierte sich für die seltsamen Gefühle im Inneren der Menschen – besonders, wenn sie aufgeregt oder traurig waren. Eines seiner wichtigsten Ziele war, die Menschen davon zu überzeugen, sich etwas weniger darum zu kümmern, wie andere sie beurteilten. Wenn dir das gelingt, wirst du dir weniger Sorgen machen, dich weniger einsam fühlen, und dadurch Selbstvertrauen gewinnen, um Erfahrungen zu sammeln.

GROSSE IDEE #9

NIEMAND WEISS …

Erwachsene können in vielerlei Hinsicht sehr beeindruckend sein und es mag den Anschein haben, als wüssten sie immer alle Antworten. Wir verraten dir aber ein großes Geheimnis: Sie wissen nicht alles. Ein Erwachsener kennt sich meist in einigen wenigen Themen aus. Zum Beispiel Bäume oder Motoren, doch wie ein Smartphone funktioniert oder die Geschichte aller Könige und Königinnen von England kann er sich nur ungefähr vorstellen. Jemand anderes kennt sich mit Büchern oder Strom aus und weiß dafür rein gar nichts über die Antarktis oder Sport.

Tatsächlich gibt es so viele Dinge – selbst wichtige Dinge –, über die niemand etwas weiß. Zum Beispiel versteht niemand, eine Stadt wirklich schön zu gestalten. Wenn man das wüsste, wären alle Städte auf der ganzen Welt wunderschön, sauber und lebenswert. Die meisten Städte sind es aber nicht. Es weiß auch niemand, wie man am besten eine Schule leitet – deshalb gibt es überall auf der Welt Schulen, die nicht sehr gut sind und Lehrer*innen, die oft nicht geeignet sind. Das liegt nicht daran, dass die Erwachsenen dumm sind, sondern daran, dass die Sachlage so kompliziert ist. Falls du Lust hast, einen Erwachsenen mal so richtig zu verwirren, könntest du ihn fragen, was Zeit ist. Nicht: »Wie viel Uhr ist es?« (das werden sie wahrscheinlich wissen!), sondern was Zeit an sich ist. Das ist eine sehr schwierige Frage, oder? Oder frag sie doch mal, warum manche Witze lustiger sind als andere, oder ob ein Hund weiß, dass er ein Hund ist. Wir versprechen dir, dass sie keine Antworten auf diese Fragen haben werden.

Sie wissen vermutlich nicht einmal ansatzweise, wie sie diese Fragen beantworten sollen.

Erwachsene sind sich in sehr vielen Bereichen uneins: Wie sollte man ein Land regieren? Was kann man gegen die Umweltverschmutzung tun? Wer sollte am meisten verdienen? Man kann sich über all diese Themen unterhalten, und wenn du dich nicht so sicher fühlst, macht es auch keinen Unterschied – weil die Erwachsenen sich auch nicht sicher sind.

Erwachsene wissen viel. Allerdings – und es ist wichtig, dass du dir das merkst – sind sie oft sehr unsicher, und das betrifft auch viele wichtige Dinge in ihrem eigenen Leben. Sie beeindrucken dich vielleicht, weil sie einen Job haben, verheiratet sind und womöglich ein eigenes Haus und Auto besitzen. Doch in ihrem Inneren wissen sie vermutlich gar nicht, warum sie diesen einen Menschen geheiratet haben (Vielleicht wäre es besser gewesen, jemand anderes zu heiraten?), sie überlegen, ob sie nicht doch einen ganz anderen Beruf anfangen sollen, und sie machen sich Sorgen, wie sie alle Rechnungen bezahlen sollen. Vielleicht wissen sie nicht, wie sie um eine Gehaltserhöhung bitten sollen oder wohin sie in den Urlaub fahren wollen. Sie haben das Gefühl, viele große Entscheidungen treffen zu müssen, aber sie wissen nicht, ob sie die richtige treffen. Deshalb wirken sie oft so ernst und reagieren manchmal etwas schnippisch.

Eines Tages wirst du ebenfalls erwachsen sein. Es mag so wirken, als stünde dir noch ein langer Weg bevor, doch das Seltsame daran ist, dass du dich dann gar nicht so anders fühlen wirst als jetzt. Du wirst nach wie vor du selbst sein, auch wenn du einen Job hast, Auto fahren kannst und eventuell eigene Kinder hast. All diese großen Dinge wirst du geschafft haben, und doch wird es noch so viel geben, worüber du rein gar nichts weißt – und niemals wissen wirst.

Es ist gut, wenn du immer im Hinterkopf behältst, dass es viele wichtige Dinge gibt, die Erwachsene nicht wissen. Das bedeutet nicht, dass sie dumm sind (obwohl es eine schöne Vorstellung ist, dass auch sie Schwierigkeiten mit dem Denken haben), sondern dass sie einfach so sind wie alle anderen auch. Wenn du dir merkst, dass Erwachsene nicht alles wissen, wirken manche von ihnen etwas weniger beängstigend. Vielleicht tut es dir ein bisschen leid für sie, und es hilft dir zu erkennen, dass du nicht so anders bist, und deine Gedanken genau so wichtig sind wie ihre. Diese Erkenntnis ermöglicht uns, netter zueinander zu sein, denn wir alle haben mit sehr ähnlichen Problemen zu kämpfen. Wir alle können gemeinsam nachdenken – das wird die Welt klüger machen.

DARÜBER WÜRDE ICH GERNE MEHR ERFAHREN

Erstelle eine Liste von all den Dingen, über die du mehr erfahren möchtest. Zum Beispiel:

- ○ Was verstehen Tiere wirklich?
- ○ Warum träumen wir?
- ○ Gibt es Leben auf anderen Planeten?
- ○ Ist das Internet gut oder schlecht?
- ○ ______
- ○ ______
- ○ ______
- ○ ______

EINE IDEE VON RENÉ DESCARTES

René Descartes war ein französischer Philosoph, der 1596 geboren wurde und die meiste Zeit in Paris und Amsterdam lebte. Er trug einen Spitzbart und häufig einen langen schwarzen Hut. In Mathe war er sehr gut, aber er diente auch einige Jahre als Soldat. Am liebsten mochte er es nachzudenken. Morgens blieb er häufig lange im Bett liegen, nur um zu denken. Seine Freunde hielten ihn für sehr faul – was er allerdings überhaupt nicht war, weil Denken harte Arbeit ist. Einmal saß er an einem extrem kalten Tag vor seinem großen Ofen (der noch nicht ganz warm war), während er darüber nachdachte, wie wenig man weiß. Er war erstaunt darüber, wie viel die Menschen zu wissen denken. Den meisten ist nicht klar, dass sie vieles für Tatsachen halten, was in Wahrheit aber Meinungen sind. Und Meinungen können sich sehr schnell als sehr falsch erweisen.

Descartes konnte sehr gut mit dem Gefühl umgehen, verwirrt zu sein. Für ihn bedeutete Klugheit, in der Lage zu sein, über etwas nachzudenken und es infrage zu stellen. Die Frage, ob ein Hund denken kann, ließ ihn nicht mehr los. Denkt ein Hund darüber nach, wie weit entfernt der Mond ist? Stellt er sich überhaupt Fragen? Was Descartes ebenfalls sehr irritierte, war der Unterschied zwischen einem Gedanken und einem physischen Gegenstand. Man kann schätzen, dass der eigene Finger 6,5 Zentimeter lang ist, man kann ihn abmessen, um festzustellen, ob das stimmt. Doch eine Idee kann man nicht abmessen. Descartes fand fast nie gute Antworten auf diese Rätsel – aber er wurde berühmt dafür, dass er sich interessante Fragen stellte.

Descartes gefiel auch, dass ihn die Vorstellung von der Unwissenheit anderer Menschen zuversichtlicher stimmte. Die Menschen verhalten sich so, als wüssten sie alles Mögliche, was sie aber nicht tun. Es wirkt so, als wüssten sie genau, wie etwas funktionieren und ein guter Beruf aussehen sollte, wie man seine Freizeit verbringen und ein Land regieren sollte, wer Verantwortung tragen und was in den Schulen unterrichtet werden sollte. Doch niemand kennt die besten Antworten auf diese Fragen. Menschen sind nicht dumm – die Fragen sind nur so kompliziert, dass wir die richtigen Antworten noch nicht gefunden haben. Vom Denken ist aber niemand ausgeschlossen.

GROSSE IDEE #10

HÖFLICHKEIT IST WICHTIG

Höflichkeitsformeln können ziemlich langweilig sein. Wahrscheinlich kommt es ab und zu vor, dass deine Mutter oder dein Vater in dein Zimmer kommt und fragt: »Wie war dein Tag?« Doch du hast keine große Lust, darauf zu antworten. Die Frage ist nicht sehr spannend. Vielleicht liest du gerade eine Zeitschrift oder isst einen Toast, weshalb du nicht einmal hochblickst. Oder deine Großeltern schicken dir zum Geburtstag ein Buch. Es gefällt dir, aber dir ist nicht danach, einen Brief zu schreiben oder sie anzurufen, um dich dafür zu bedanken. Es kann sein, dass du zu beschäftigt bist oder ein bisschen schüchtern. Ein anderes Mal kocht dein Vater etwas Leckeres zum Mittagessen. Es hat dir sehr gut geschmeckt, aber warum solltest du ihm sagen, dass es lecker war? Er ist dein Vater. Er weiß, dass es lecker schmeckt – er hat doch gekocht!

Du magst deine Eltern (meistens), auch deine Großeltern, vielleicht fällt es dir aber schwer, dir vorzustellen, dass es ihnen viel bedeuten könnte, wenn du dich bedankst oder sagst: »Das war wirklich sehr lecker, vielen Dank fürs Kochen!« Sie sind die Erwachsenen und du bist das Kind. Sie können Auto fahren und haben Kreditkarten. Es fühlt sich nicht so an, als würde es einen Unterschied machen, was du sagst – oder nicht sagst.

Das Seltsame daran ist, dass Erwachsene innerlich nicht so stark sind, wie sie wirken. Sie machen sich Sorgen und sind schnell verletzt. Sie machen sich Gedanken über Liebe, ihre Arbeit, über dich. Antwortest du ihnen nicht, wenn sie nach deinem Tag fragen, machen sie sich Sorgen darüber, ob du sauer auf sie sein könntest. Wenn du dich nicht für das Essen bedankst, dass sie für dich gekocht haben, sorgen sie sich, ob es dir geschmeckt hat. Deine Großeltern wollen dir etwas schenken, das dir gefällt, und wenn sie nichts von dir hören, denken sie, dass du es nicht mochtest – und noch wichtiger, dass du sie nicht magst.

Dir ist vermutlich nicht klar, wie unsicher Erwachsene sein können. Du kannst ihre Gefühle mit nur wenigen Worten verletzen, aber auch dann, wenn du gar nichts sagst. Du kannst dafür sorgen, dass sie sich traurig oder blöd fühlen. Der Gedanke ist seltsam, dass du diese Macht hast. Erwachsene sind dir so ähnlich, viel mehr, als du dir vorstellen kannst.

Vielleicht bist du bislang davon ausgegangen, dass man höflich ist, weil andere Menschen sehr viel mächtiger sind als man selbst und sie wütend werden, wenn man nicht freundlich zu ihnen ist. Weit gefehlt. Höflichkeit ist wichtig, weil Menschen zerbrechlich sind und man sorgfältig mit ihnen umgehen muss.

Wir wollen normalerweise nicht die Gefühle anderer verletzen, aber manchmal ist uns nicht bewusst, dass wir es tun, oder vergessen, wie schnell das geschieht. Du wirst nicht immer daran denken, dass sie besorgt sind oder traurig werden, wenn du ihnen nicht antwortest. Es erscheint wie eine kleine Sache – hochzuschauen und zu sagen: »Hey, ja, Schule war okay.« Oder: »Ich mochte das Buch.« Oder: »Vielen Dank für das leckere Essen, Papa.« Das sind keine Kleinigkeiten. Das sind starke Worte, die für Geborgenheit und ein Lächeln sorgen, selbst bei denjenigen, die schon fünfmal länger auf der Erde leben.

EINE IDEE VON KONFUZIUS

Ein Philosoph, der viel über Höflichkeit nachgedacht hat, lebte vor über 2500 Jahren in China. Sein Name lautet Konfuzius. Sein Vater war Soldat und starb, als Konfuzius noch sehr klein war. Daraufhin verarmte die Familie. Als er die Schule verließ, ergriff er den Beruf des Regierungsbeamten, schließlich wurde er zu einem wichtigen Berater eines Herrschers, der über viele Regionen Chinas regierte. Konfuzius lebte zu einer Zeit, in der die Armeegeneräle tun konnten, was sie wollten – sie waren diejenigen, die das Sagen hatten, weil sie viel stärker waren als alle anderen.

Sie hatten häufig sehr schlechte Manieren. Sie grunzten, fluchten und sahen die Menschen nicht an, wenn sie mit ihnen sprachen.

Für Konfuzius stellte das ein ernsthaftes Problem dar. Er glaubte daran, dass die Regierung ein gutes Verhalten zeigen muss und es zur Güte dazu gehört, Wert auf Manieren und Etikette zu legen. Er dachte viel über die Verbeugung nach (die chinesische Variante des Händeschüttelns) und darüber, wie sich Menschen voreinander verbeugen sollten, damit sich niemand gekränkt oder verletzt fühlt. Konfuzius wusste, dass gute Umgangsformen wichtig sind, weil die falschen Worte – so drückte er es aus – so verwundbar sein können wie ein Schwert.

GROSSE IDEE #11

WARUM WIR PROKRASTINIEREN

Es kann sein, dass du das Wort *prokrastinieren* kennst oder zumindest schon einmal gehört hast, aber vielleicht weißt du nicht genau, was es bedeutet. Es ist ein ziemlich ungewöhnliches Wort. Auch wenn du es noch nicht kennst, könntest du trotzdem eine leise Ahnung davon haben, worum es dabei geht. Prokrastinieren leitet sich von den beiden lateinischen Wörtern *pro* und *cras* ab. *Pro* bedeutet *vorwärts* und *cras* bedeutet *morgen*. Setzt man die beiden Wörter zusammen, ergibt das die Bedeutung *etwas aufschieben – auf morgen oder einen anderen Zeitpunkt*. Womöglich machst du das auch von Zeit zu Zeit. Stell dir vor, du musst etwas für die Schule erledigen: einen Aufsatz darüber schreiben, was du in den Ferien erlebt hast. Ein Lehrer, vor dem du ziemlich große Angst hast, hat dir diese Hausaufgabe gegeben, deshalb willst du deine Sache gut machen und bist ziemlich aufgeregt. Der Aufsatz soll ausführlich sein und ihr wurdet gebeten, ein Wörterbuch zu benutzen. Du hast das ganze Wochenende vor dir. Am Freitag denkst du dir noch: »Ich werde es morgen machen.« Am Samstag denkst du: »Ich mache es heute Abend.« Doch am Sonntag stellst du fest: »Jetzt ist es zu spät.« Du bist sauer auf dich selbst, weil du prokrastiniert hast.

Es wäre sehr einfach zu sagen, dass du faul warst, aber die Sache ist etwas komplizierter. Wir müssen herausfinden, warum wir etwas aufschieben (du bist nicht die einzige Person, die das tut – eigentlich kennen fast alle dieses Problem). Glücklicherweise gehört es zu den nützlichen Aspekten der Philosophie, dass sie dir eine Antwort liefert, warum du und viele andere Menschen dieses Problem haben.

Die Hauptursache, warum du prokrastinierst, ist Angst. Zunächst mag das etwas komisch klingen, weil du vielleicht gar keine Angst vor deinen Hausaufgaben hast. In gewisser Weise bist du trotzdem ängstlich – du hast Angst davor, dass es nicht so gut wird, wie du möchtest. Es kann sein, dass du in deinem Kopf ein Bild davon hast, wie gut dein Aufsatz werden soll, und die Vorstellung, dass er womöglich schlechter wird, ist kaum auszuhalten. Deshalb fängst du erst gar nicht an, denn wenn du anfängst und abgibst, könnte es ja schlechter werden als erhofft. Du schiebst das Schreiben also auf, um nicht enttäuscht zu werden. Wenn du erst gar nicht anfängst, kannst du es auch nicht vermasseln. Menschen, die prokrastinieren, sind nicht faul, sondern meistens Perfektionist*innen, die es nur schwer aushalten können, etwas nicht besonders gut gemacht zu haben.

Die Lösung für aufgeschobene Arbeit besteht nicht darin, sich noch mehr über sich selbst zu ärgern. Stattdessen musst du dich davon überzeugen, dass das, was du tust, wertvoll ist, auch wenn du vielleicht mal einen Fehler machst. Außerdem solltest du akzeptieren, dass vieles sehr viel schwieriger ist, als es auf den ersten Blick erscheint – deshalb ist es gar nicht möglich, auf Anhieb alles richtig zu machen (oder beim zweiten oder zehnten Mal). Es ist nicht unmöglich – doch du musst dranbleiben. Du könntest das Gefühl haben, dass es andere besser können, du siehst aber nicht, wie lange sie geübt haben. Sie sind nicht auf eine magische Weise gut darin geworden. Sie haben viele – sehr viele – Fehler gemacht. Sie sind erfolgreich, weil sie drangeblieben sind, und nicht, weil sie keine Probleme damit hatten.

Dir wird die Arbeit gelingen, wenn du die Angst verlierst, etwas nicht so gut zu machen, wie du es dir wünschst – und wenn du Angst davor bekommst, überhaupt gar nichts auf die Reihe zu kriegen, was sehr viel schlimmer ist.

EINE IDEE VON HYPATIA

Hypatia war eine Philosophin, die gegen Ende des Römischen Reiches lebte. Sie starb 405, ungefähr um die Zeit, als ein großes germanisches Volk – die Goten – Rom angriff und einnahm.

Hypatia lebte in Alexandria, die Stadt lag an der ägyptischen Mittelmeerküste und war berühmt für den höchsten Leuchtturm und die beste Bibliothek der Welt. Hypatia unterrichtete Mathematik, Musik und Philosophie. Sie interessierte sich sehr dafür, wie man komplizierte Dinge leichter verstehen konnte. Ihr Vater war ebenfalls Lehrer und zusammen schrieben sie eines der ersten Philosophiebücher für Kinder (das allerdings mehr Mathematik beinhaltete als dieses hier, denn damals trennte man die Fächer noch nicht so, wie wir das heutzutage tun).

Hypatia war bekannt dafür, eine sehr gute Lehrerin zu sein – sie war äußerst ruhig und nett. Sie glaubte daran, wie wichtig es ist, kleine Schritte zu machen, und sie war sich sicher, dass jede*r die Fähigkeit hat, mit der Zeit viel zu lernen. Allerdings, so sagte sie, fangen wir alle unwissend an, das sei unvermeidlich. Statt ihre Schüler*innen als faul zu bezeichnen, versuchte sie herauszufinden, warum sie Schwierigkeiten mit dem Lernen hatten. Sie war der Meinung, dass wir schwierige Dinge aufschieben, weil wir nicht gelernt haben, mit dem leichtesten, einfachsten Schritt zu beginnen. Aus Angst prokrastinieren wir, aber, das wusste Hypatia, wir sind nicht faul.

Philosophie
für Kinder
von Hypatia
CHAPTER TWO

WARUM WIR NICHT WISSEN, WAS WIR MIT UNSEREM LEBEN ANFANGEN SOLLEN

»Was willst du werden, wenn du groß bist?« Diese Frage kennst du vermutlich. Vielleicht hast du das Gefühl, dass du die Antwort wissen müsstest. Das kann etwas beängstigend sein. Du weißt, dass du irgendetwas tun musst – wie jede*r andere auch –, aber wie soll man herausfinden, was man werden möchte?

Manche Kinder und junge Menschen glauben zu wissen, was sie werden wollen: Sie sagen, dass sie Fußballspieler, Landwirtin oder Zahnärztin werden wollen. Das sind sehr nette Ideen, doch meist entwickelt es sich nicht so, wie man sich das in jungen Jahren vorstellt. Es ist sogar richtig mühsam herauszufinden, was man später tun möchte – und es ist völlig verständlich, wenn es bei dir eine Weile dauert, bis du eine gute Antwort auf diese Frage gefunden hast.

Verwirrend ist, dass einige (nur sehr wenige) Berufe so bekannt sind, dass du über sie schon viel gehört hast. Doch diese Berufe sind bekannt, weil sie besonders sind, und das wiederum bedeutet, dass kaum jemand diesen Beruf ausübt. Nur sehr, sehr wenige Menschen werden als Schauspieler berühmt, schaffen es, besonders erfolgreiche Spiele zu entwickeln oder erfinden etwas, womit sie sehr reich werden. Sehr wenige Menschen arbeiten als Model oder werden Sportler. Diese Berufe sind vielleicht auch gar nicht so angenehm. Berühmte Menschen genießen es in der Regel nicht, berühmt zu sein, denn wenn man berühmt ist, wird man von vielen kritisiert, obwohl sie einen nicht kennen, und man muss sich gemeine Sachen anhören, weil die anderen neidisch sind. Von außen sieht das vielleicht nicht so aus, das wird von den Medien auch nicht so dargestellt, aber das ist die Wahrheit. Glücklicherweise gibt es viele interessante Berufe, über die du vielleicht noch nicht so viel gehört hast.

Wie findest du also heraus, was du werden willst? Eine passende Antwort wäre, sofort damit aufzuhören, darüber nachzudenken, was anderen gefallen könnte, oder womit du viel Geld verdienen könntest. Du kannst dich darauf konzentrieren, was dir wirklich Spaß macht. Vielleicht magst du es, etwas zu organisieren, bist kreativ oder löst gerne Probleme. Vielleicht bist du gut darin, anderen etwas zu erklären, du interessierst dich dafür, wie andere kochen oder hörst anderen gerne zu, wenn du mit ihnen sprichst. Es macht gar nichts, wenn sich diese Dinge (erst einmal) nicht nach einem richtigen Beruf anhören – es handelt sich um wichtige Bestandteile deines zukünftigen Berufs.

Es klingt sehr seltsam, in diesem Kontext über Spaß zu sprechen. Freude und Spaß klingt nach dem Gegenteil von Arbeit, aber wenn du etwas gut können möchtest, solltest du auch Spaß daran haben. Zum jetzigen Zeitpunkt musst du nicht wissen, welchen Beruf du eines Tages ausüben möchtest, du kannst dich voll und ganz darauf konzentrieren, konstruktive Dinge zu tun, um gut darin zu werden. Arbeit ist eine etwas seltsame Mischung aus dem, was andere wollen (damit man bezahlt wird), und dem, womit man gerne seine Zeit verbringt (damit man sie gut macht).

Über einen wichtigen Punkt hast du vielleicht noch nicht nachgedacht: Welches Spiel magst du und wie spielst du es gerne? Bei der Überlegung, was man später werden möchte, kann es sehr hilfreich sein, sich diese Frage zu stellen. Wie wir bereits erwähnt haben, ist Spielen nicht unbedingt das Gegenteil von Arbeiten – tatsächlich ist es so, dass Kinder, wenn sie spielen, schon für die Arbeit üben. Nicht das Spiel zählt – es geht darum, wie du es spielst. Wenn du etwas aus Lego baust, folgst du vielleicht gerne den Anleitungen – das könnte bedeuten, dass Büroarbeit zu dir passen könnte. Oder du sortierst die Legosteine zuerst und legst alle mit derselben Farbe und derselben Form jeweils auf einen Haufen, damit du weißt, wo sie sich befinden – das könnte bedeuten, dass dir ein Beruf liegt, bei dem du präzise und mit klarem Verstand vorgehen musst, wie zum Beispiel Apothekerin oder Optiker. Vielleicht magst

du es auch, frei zu gestalten und das zu machen, was dir als Erstes einfällt, ohne irgendwelche Anleitungen zu befolgen – das spricht für einen kreativen Beruf, wie zum Beispiel Artdirectorin in einer Werbeagentur oder Grafikdesigner. Das sind nur ein paar Beispiele, um dir das Muster zu zeigen: Arbeit ist mehr Spiel, als man zunächst meint. Das Problem vieler Erwachsener liegt darin, dass ihre Arbeit viel zu wenig dem Spiel ähnelt, an dem sie früher Freude hatten. Als sie sich für ihren Beruf entschieden haben, haben sie vermutlich zu wenig darüber nachgedacht, was sie als Kind geliebt haben – und dafür zahlen sie jetzt einen hohen Preis.

EINE IDEE VON JEAN-JACQUES ROUSSEAU

Jean-Jacques Rousseau war ein Schweizer Philosoph, der von 1712 bis 1778 lebte. Sein Vater führte ein kleines Geschäft in Genf, in dem Uhren gefertigt wurden, und er las dem kleinen Jean-Jacques gerne vor. Als dieser heranwuchs, mochte Rousseau Musik und lange, einsame Spaziergänge. Er war sehr unabhängig. Als Teenager ging er einmal in der Nähe von Genf durch die Felder spazieren. Als er zurück in die Stadt kam, waren die Tore bereits verschlossen (zu jener Zeit waren viele Städte von Mauern umringt und nachts blieben die Pforten geschlossen). Anstatt auf den nächsten Morgen zu warten, begab er sich auf ein Abenteuer und wanderte bis in das angrenzende Land: Frankreich. Später in seinem Leben wurde Rousseau sehr berühmt, aber er hatte nie viel Geld – das war für ihn in Ordnung, weil er davon überzeugt war, es wäre schöner, ein einfaches, gewöhnliches Leben zu führen, statt reich zu sein und in einem großen Haus zu wohnen.

Eine von Rousseaus großen Ideen war, dass Kinder innerlich oft lebendiger sind als Erwachsene. Er befürchtete, dass Erwachsene, die immer mehr lernten, die wichtigen Dinge vergaßen, die sie als Kinder gelernt hatten. Rousseau war der Meinung, dass nicht die Erwachsenen die Kinder unterrichten sollten, sondern dass sie versuchen sollten, von den Kindern zu lernen. Er war auch der Ansicht, dass wir einen Beruf finden sollten, der unserer eigenen Natur entspricht. Das mag selbstverständlich erscheinen, doch das ist es nicht, weil wir uns viel zu oft danach richten, was andere für einen guten Beruf halten. Rousseau nahm die Spiele der Kinder sehr ernst. Sie sind der erste Moment, in dem wir beginnen zu erkennen, was wir später einmal machen könnten.

GROSSE IDEE #13

GUTE DINGE SIND (ÜBERRASCHEND) SCHWER

Manches ist offensichtlich sehr schwierig zu bewerkstelligen. Es wäre doch großartig, mit dem Fahrrad auf einem Drahtseil fahren zu können, doch natürlich bräuchte man dafür ein jahrelanges Training, inklusive vieler Stürze und Unfälle.

Es gibt viele andere Dinge, die leicht aussehen. Vielleicht siehst du jemanden auf der Bühne, der seine eigene Comedyshow präsentiert – er wirkt relaxt, als würde er erzählen, was ihm gerade in den Sinn kommt. Dadurch sieht es so aus, als wäre es supereinfach, ein Comedian zu sein, aber in Wirklichkeit braucht es jahrelange Übung, damit das so wirkt. Es ist sehr wahrscheinlich, dass er zu Hause vor dem Spiegel geübt und sehr genau darüber nachgedacht hat, ob er bei dieser Pointe eine Augenbraue hochziehen soll oder lieber nicht, oder ob er bei dem anderen Witz die linke Hand in die Tasche stecken sollte oder nicht. Darüber hinaus wird er schon viele Male bei einem Auftritt gescheitert sein. Er wird schon einige Witze erzählt haben, über die niemand gelacht hat, man wird ihn schon ausgebuht und ausgepfiffen haben, vermutlich wurde ihm auch schon gesagt, wie schlecht er sei. Du siehst nicht, wie viel er geübt hat und welchen Schwierigkeiten er begegnet ist. Es sieht leicht aus, das ist es aber nicht.

Das ist bei vielem so. Tatsächlich ist fast alles im Leben, das gut und interessant ist, ziemlich anstrengend – nur sagen einem die Menschen das normalerweise nicht. Sie möchten einen aufmuntern, deshalb verschweigen sie die Schwierigkeiten – sowohl die, die ihnen begegnet sind als auch die, die sie in Zukunft erwarten. Sie denken, sie helfen, wenn sie so tun, als wäre es nicht anstrengend. Sie fürchten, dass man aufgibt oder es gar nicht erst versucht, sobald man erfährt, wie schwierig etwas ist. Sie versuchen, nett zu sein. Doch in Wahrheit schaffen sie damit Probleme. Sie sorgen unabsichtlich für große Enttäuschungen, die sich einstellen, wenn man schließlich den Schwierigkeiten begegnet. Weil man nicht vorbereitet war, ging man davon aus, dass alles relativ einfach ablaufen würde.

Natürlich gibt es auch Dinge, von denen jeder zugibt, dass sie schwierig sind, und die viel Zeit und Aufwand benötigen, um gelernt zu werden. Wir alle wissen zum Beispiel, wie schwer es ist, lesen zu lernen. Deshalb wird man bei dieser Herausforderung unterstützt. Angehende Lehrer*innen lernen an der Universität, wie man Kindern das Lesenlernen beibringt. Es gibt eine Menge Bilderbücher für Kleinkinder mit nur wenigen Wörtern, um ihnen den Anfang zu erleichtern. Niemand erwartet, dass man innerhalb weniger Minuten lesen lernt – es erfordert auf jeden Fall viel Zeit, Übung und Hilfestellung.

Musikinstrumente sind auch sehr schwer zu erlernen. Vielleicht hast du schon einmal ein Klavier oder eine Geige gesehen und dir gedacht, wie toll es doch wäre, diese Instrumente spielen zu können – aber als du drei Minuten gespielt hast, klang es einfach nur schrecklich! Es kann bis zu drei Jahre dauern, bis man eine einfache, schöne Melodie auf einer Geige spielen kann, und noch viel länger, bis man wirklich gut darin ist. So wie bei den Musikinstrumenten ist das bei vielen Dingen: Es ist seltsam und entsetzlich anstrengend.

Es ist mühsam, eine gute Freundin oder einen guten Freund zu finden, es ist anstrengend, eine Geschichte zu schreiben, die einem gefällt, es ist so schwierig, die eigenen Eltern zu verstehen oder herauszufinden, welchen Beruf man später ergreifen möchte. Allerdings sprechen die meisten nicht darüber, wie anstrengend es ist. Im Gegenteil, sie lassen dich sogar im Glauben, dass alles recht locker wäre, während es aber so schwierig sein kann, wie Lesen oder Geige spielen zu lernen. All das dauert einige Zeit und du benötigst – und verdienst es –, dass man dich dabei unterstützt. Sobald du verstanden hast, dass es schwierig ist und Jahre dauern wird, bis du es einigermaßen beherrschst, wirst du weniger gestresst sein, wenn etwas schiefläuft – was leider vorkommen wird. Das große Problem ist nicht, dass bestimmte Sachen anstrengend sind, sondern dass wir immer erwarten, dass es einfach wird.

ANSPRUCHSVOLLE SACHEN, DIE ICH GERNE LERNEN MÖCHTE

Erstelle eine Liste von all den Dingen, die du gerne lernen möchtest und überlege, was du mit diesen neuen Fähigkeiten anstellen möchtest. Zum Beispiel:

- ◯ Die Sprache eines anderen Landes lernen ...
  Dann werde ich mich mit jemandem von dort anfreunden.
- ◯ Selbstbewusst tanzen ...
  Dann werde ich jemanden auffordern, mit mir zu tanzen.
- ◯ Fahrradfahren ...
  Dann werde ich an einen neuen und aufregenden Ort verreisen.
- ◯ ... ____________________

  Dann werde ich ... ____________________
- ◯ ... ____________________

  Dann werde ich ... ____________________
- ◯ ... ____________________

  Dann werde ich ... ____________________

EINE IDEE VON FRIEDRICH NIETZSCHE

Ein Philosoph namens Friedrich Nietzsche interessierte sich brennend dafür, wie schwierig gute Sachen sind. Er wurde 1844 geboren. Als kleiner Junge war er ziemlich ernst und sehr gut in der Schule – obwohl er gemischte Gefühle gegenüber seiner extrem strengen Schule hatte. Er stritt sich auch viel mit seiner Mutter und seiner Schwester. Nietzsche unterrichtete später für eine Weile an der Universität, aber er war kein guter Lehrer und fühlte sich in dieser Rolle unwohl. Statt weiter zu unterrichten, entschied er sich, auf Reisen zu gehen. Er verbrachte viel Zeit in den Schweizer Bergen und ließ sich einen riesigen Schnurrbart wachsen. Er wirkte etwas grimmig, aber er war sehr höflich und erzählte oft Witze. Er verfasste viele Bücher, doch am Anfang interessierte sich kaum jemand dafür, und er verkaufte nur wenige Exemplare. Nach seinem Tod wurden seine Bücher jedoch sehr bekannt und viele Menschen lesen sie bis heute.

Laut Nietzsche haben Menschen oft Angst, Sachen zu tun, die ihnen schwerfallen – auch wenn es sich dabei um sehr wichtige Angelegenheiten handelt. Er sagte, dass wir uns selbst einreden, nichts Schwieriges in Angriff nehmen zu wollen, auch wenn wir das insgeheim sehr wohl möchten. Stell dir zum Beispiel eine Person vor, die sich heimlich wünscht, sehr gut in Mathe zu sein, Mathe aber superschwierig findet. Sie wird sich einreden, dass Mathe wirklich doof ist und nur doofe Leute gerne gut darin sein möchten. Diese Geschichte erzählt sie sich, um ihre heimlichen Ambitionen zu verschleiern. Nietzsche hätte das verstanden. Seine Ideen erinnern uns daran, dass wir zugeben sollten, dass manches einfach schwierig ist, wir es aber dennoch machen sollten – mit dem Wissen, dass es einfacher wird, je öfter wir es versuchen, und dass wir am Ende für unsere Anstrengungen belohnt werden.

DIE STÄRKE-SCHWÄCHE-THEORIE

Wenn du von New York nach Paris reisen möchtest, ist der einfachste und schnellste Weg natürlich zu fliegen. Flugzeuge sind ein fantastisches Fortbewegungsmittel für lange Distanzen, was unter anderem an ihren riesigen Flügeln und dem starken Motor liegt. Wenn es aber um den Weg von der Schule nach Hause oder um Einkäufe geht, ist das Flugzeug die denkbar schlechteste Option. Aus denselben Gründen, die das Flugzeug für Langstrecken prädestiniert, ist es für kurze Strecken in der Stadt völlig ungeeignet. Die Straßen wären viel zu eng für die riesigen Flügel, und der Motor würde wahrscheinlich alle Schaufenster zum Klirren bringen. Außerdem könnte man es nirgendwo parken. Dieses Beispiel zeigt uns, dass die Stärken des Flugzeugs für Langstreckenflüge eine Schwäche sein können, wenn es sich um kurze Distanzen handelt.

Ganz ähnlich ist es auch bei Menschen. Eine Person kann zum Beispiel ihren Beruf sehr gut ausführen. Das bedeutet, dass sie gut darin ist, schwierige Aufgaben schnell zu erledigen. Wahrscheinlich ist sie auch gut darin, anderen ihre Aufgaben zu erklären, und vielleicht kümmert sie sich auch sorgfältig um die Finanzen. Diese Person verpasst niemals eine Sitzung und arbeitet viel –

womöglich bis spät in die Nacht hinein oder übers Wochenende. Doch die Stärken dieser Person im Arbeitskontext sind gleichzeitig ihre Schwächen. Sie hat vermutlich wenig Zeit, um zu spielen oder Spaß zu haben. Sie checkt ständig ihr Smartphone, um nachzusehen, ob eine neue Mail eingetroffen ist. Sie kann sehr gestresst oder besorgt sein, weil sie sichergehen möchte, dass jedes noch so kleine Problem schnell gelöst wird. Deshalb wird diese Person, auch wenn sie ihre Aufgaben gut erledigt, nicht viel Spaß zu Hause haben.

Vielleicht kennst du Mädchen oder Jungs, die sehr aufregend sind – sie machen Witze über Lehrer*innen, es ist ihnen egal, was ihre Eltern über sie denken, sie sind abenteuerlustig und ziemlich frech. Doch diese aufregenden Seiten an ihnen sind auch ihre Schwachstellen: Sie geraten oft in Schwierigkeiten, und weil sie so damit beschäftigt sind, frech zu sein, sind sie nicht gut in der Schule. Es kann auch andersherum sein – vielleicht kennst du eine Person, die sehr vorsichtig, sorgfältig und ordentlich ist und fleißig lernt, aber dafür ist sie nicht so mutig, spielt nicht so gerne oder klettert nicht gerne auf Bäume.

Dahinter steckt ein großer Gedanke: Stärken sind auch Schwächen. Jede Stärke, die du oder jemand anderes hat, ist auch immer eine Schwäche. Du kannst nicht gut in etwas sein, ohne schlecht in etwas anderem zu sein. Vielleicht erkennst du das bei dir selbst. Es kann sein, dass es dich ärgert, wenn du etwas nicht so gut kannst, du aber weißt, dass deine Talente in anderen Bereichen liegen. Oder nehmen wir an, dass du sogar in vielen Bereichen echt gut bist – auch das kann eine Schwäche sein, weil du vielleicht ungeduldig bist und rasch von anderen genervt, wenn sie nicht das können, was du kannst. Etwas, das du gut kannst, führt in gewisser Weise immer dazu, dass du etwas anderes nicht so gut kannst. Wenn du diesen Zusammenhang selbst erkennen möchtest, kannst du ein kleines Spiel spielen. Erstelle eine Liste mit den Dingen, die du gut kannst und anschließend eine mit den Dingen, die du nicht so gut kannst – du wirst sehen, dass diese beiden Listen miteinander in Verbindung stehen.

Der Gedanke, dass Stärken zu Schwächen führen, sagt auch etwas über die anderen aus. Niemand kann perfekt sein. Alles, was eine Person gut kann, hat auch zur Folge, dass sie in anderen Bereichen nicht so gut ist. Wir müssen nachsichtig mit den Schwächen anderer Menschen sein – und mit unseren eigenen.

STÄRKEN & SCHWÄCHEN

Erstelle eine Liste all deiner Stärken und Schwächen.
Denke anschließend darüber nach,
wie diese beiden Listen zusammenhängen.

ICH KANN GUT	ICH KANN NICHT SO GUT

EINE IDEE VON RALPH WALDO EMERSON

Ralph Waldo Emerson war ein amerikanischer Philosoph. Er kam 1803 zur Welt. Emerson war kein besonders guter Schüler, aber später an der Universität wurde er viel besser (das kommt oft vor). Emerson arbeitete einige Jahre lang als Lehrer und lebte die meiste Zeit in der Nähe von Boston – obwohl er weit gereist war und viel Zeit in Frankreich, England und Ägypten verbracht hat. Er war ein großartiger Redner und hielt überall in den Vereinigten Staaten Vorträge vor einem riesigen Publikum. Emerson war ein freundlicher und sanfter Mann, und der damalige Präsident Abraham Lincoln bewunderte ihn sehr. Emerson kaufte sich ein kleines Haus auf dem Land, in der Nähe eines schönen, kleinen Sees, wo er oft Besuch bekam.

Emerson interessierte sich dafür, dass alle guten Dinge, die wir bewundern, oft auch Nachteile mit sich bringen. Wenn man zum Beispiel sehr klug ist, ist man vermutlich auch einsam, weil man von anderen Menschen nicht verstanden wird. Oder wenn man viel Geld hat, trägt man vermutlich auch viel Verantwortung. Wenn man berühmt ist, wird man von anderen beneidet und hat nicht so viele echte Freundschaften. Emerson dachte nicht nur über Menschen so. Geparden sind die schnellsten Landtiere – sie können ihr Tempo schneller beschleunigen als ein Rennwagen –, weil sie aber so dünn und leicht sind, um schnell zu sein, sind sie in anderer Hinsicht schwach. Ein Löwe, der viel langsamer ist, kann einem Geparden ganz leicht das Futter stehlen, weil er größer und stärker ist. Emerson sah sogar Beispiele für die Stärke-Schwäche-Theorie bei nicht lebendigen Dingen. Eine Stadt, die so schön ist wie Venedig oder Paris, wird derart von Tourist*innen in Beschlag genommen, dass es nicht sehr angenehm ist, sie zu besuchen. Indem Emerson sowohl die Stärken als auch die Schwächen genau betrachtete, wies er auf etwas hin, das ziemlich traurig und zugleich sehr wichtig ist: Nichts kann jemals perfekt sein.

1
2
3

GROSSE IDEE #15

KINTSUGI

Wahrscheinlich kennst du das Wort *Kintsugi* noch nicht. Das ist nicht weiter verwunderlich, viele kennen es nicht, haben aber vielleicht von dem gehört, was dahintersteckt. *Kintsugi* ist ein japanisches Wort, das man auf folgende Weise ausspricht: Kin-tsu-gii. Es wird aus zwei Wörtern gebildet: Der erste Teil *kin* bedeutet *Gold*, der zweite Teil *tsugi* bedeutet *reparieren*. Wenn man beide Wörter zusammenfügt, bedeutet es, dass man etwas, das kaputt ist, auf eine schöne Weise repariert. Das mag zunächst nach einer recht merkwürdigen Idee klingen. Wenn etwas kaputtgeht, hat man normalerweise das Gefühl, dass es zerstört ist. Man möchte es am liebsten wegwerfen und neu kaufen. Nicht mit Kintsugi.

Kintsugi entstand vor langer Zeit in Japan. Im alten Japan liebte man Vasen und Tassen, und es gab die Tradition, sehr schöne Stücke herzustellen, doch weil sie so fein waren, waren sie empfindlich und gingen schnell zu Bruch. Meistens warf man die kaputten Scherben weg und besorgte sich neue Stücke. Doch in der Hälfte des 16. Jahrhunderts kam jemand auf die Idee, die schönen Krüge, Tassen und Schalen nicht wegzuwerfen, sondern zu reparieren. Die Menschen begannen, die kaputten Keramikstücke wieder zusammenzufügen, doch sie klebten die Stücke nicht mit klarem Kleber wieder zusammen, sie mischten Goldstaub in den Kleber. Man konnte dadurch sehr gut sehen, an welcher Stelle ein Krug repariert worden war. Sie wollten damit nicht vortäuschen, dass eine Tasse oder eine Vase nie kaputt gewesen wäre – sie machten sogar deutlich, dass das Stück wieder zusammengeflickt worden war. Damit zeigten sie auch, dass es ihnen nichts ausmachte und es in Ordnung war, etwas zu behalten, das einmal kaputt gewesen war.

Kintsugi ist eine große Idee. Es begann mit einer Kleinigkeit – dem Reparieren einer kaputten Tasse –, aber dieselbe Idee kann auch auf viel Wichtigeres übertragen werden. Nicht nur Tassen, Schalen, Spielzeug oder Fernseher können zerbrechen. Das Wichtigste, was zu Bruch gehen kann, sind Menschen. Wenn Menschen zerbrechen, geschieht das auf eine seltsame Art – nicht nur körperlich, wenn man sich die Knochen bricht oder Schmerzen hat. Man kann auch zerbrechen, wenn man sehr wütend wird, etwas Schreckliches gesagt oder Gemeines getan hat. Man bekommt dann das Gefühl, dass man alles, was schön und gut war, beschädigt hat. Vielleicht fühlt es sich so an, als würden die anderen einen nicht mehr mögen.

Doch man kann sich selbst auf dieselbe Weise reparieren, wie Kintsugi-Tassen geflickt werden. Wenn man bedauert, etwas getan oder gesagt zu haben und sich bei der Person entschuldigt, die man verletzt hat, ist das eine Form der Wiedergutmachung. Man repariert die Gefühle. Man vergisst dabei nicht, dass etwas Schwieriges passiert ist, und man tut auch nicht so, als hätte man es nie gesagt oder getan – doch man macht es wieder gut und behebt das Problem.

Wenn man sich mit jemandem versöhnt, kann es danach besser sein als zuvor. Nach einer Versöhnung kann man sich sicher sein, dass ein Streit die Freundschaft nicht beendet und die Freundschaft dadurch sogar gestärkt wurde. Man erfährt auch, dass man auf die eigenen Eltern wütend sein darf und ihnen erklären kann, was das Problem ist, und man kann es dann wieder in Ordnung bringen – auch das kann die Beziehung zu den eigenen Eltern verbessern. Zu wissen, dass Gefühle wieder repariert werden können, ist sehr hilfreich. Manchmal kann man nichts dafür, wenn man die Gefühle anderer verletzt hat, und manchmal können sie nichts dafür, dass sie deine verletzt haben. Das ist nie schön. Du musst dir darüber aber nicht so viele Gedanken machen, wenn du die Idee von Kintsugi im Kopf behältst.

WELCHE DINGE KÖNNEN AUSGEBESSERT UND VERBESSERT WERDEN?

Erstelle eine Liste von Dingen – abgesehen von Tassen oder Gläsern –, die repariert werden können. Zum Beispiel:

- ◯ Mit farbigen Flicken die Lieblingsjeans ausbessern.
- ◯ Eine Freundschaft retten, indem man sich entschuldigt (und es auch so meint).
- ◯ Dich selbst – denk an all die Male, die du gestürzt bist oder bei einer Prüfung durchgefallen bist. Das ist nichts, worüber du dich schämen musst! Diese Erfahrungen helfen dir dabei, zu lernen, und sie machen dich zu dem Menschen, der du heute bist.
- ◯ __________
- ◯ __________
- ◯ __________
- ◯ __________
- ◯ __________

EINE IDEE VON BUDDHA

Vor ungefähr 2500 Jahren wurde ein Philosoph namens Siddhartha Gautama in Nepal geboren (in dieser Region befindet sich das Himalaja-Gebirge). Er ist besser bekannt unter dem Namen Buddha. Vermutlich kennst du ihn bereits. Buddha war ein Prinz und seine Familie sehr reich. Als Kind führte er ein sehr luxuriöses Leben – wurde es zu sonnig, hielten seine Diener weiße Schirme hoch, damit er im Schatten spielen konnte. Doch glücklich war er nicht. Es herrschte so viel Leid auf der ganzen Welt. Sogar Insekten wurden zertrampelt, wie er bemerkte.

Als Erwachsener stellte sich Buddha eine sehr komplizierte Frage: Wie können wir all das Leid beenden? Er entwickelte die wichtige Idee, dass wir akzeptieren müssen, dass nichts jemals perfekt sein wird. Menschen werden uns missverstehen, wir machen Fehler, unsere Freund*innen nerven uns manchmal oder sind gemein, unsere Pläne gehen nicht auf, es regnet, wenn wir Fußball spielen wollen, wir verschütten heiße Schokolade über unsere Hose, wir erkälten uns am ersten Tag der Sommerferien. Wir wollen nicht, dass all das passiert, aber wir leben auf dieser Erde und wir kommen nicht darum herum. Buddha ermutigt uns, das zu akzeptieren, statt uns darüber zu ärgern. Wenn wir unbedingt wollen, dass die Dinge immer perfekt laufen, führt das nur dazu, dass wir frustriert und viel trauriger sind als wir es sein müssten.

Buddha gefiel die Idee, Dinge zu reparieren, anstatt sie wegzuwerfen. Er war der Meinung, dass etwas, nur weil es alt, abgenutzt und kaputt ist, nicht schlecht ist. Buddha inspirierte mit seiner Idee viele Menschen, und einige seiner Anhänger*innen, vor allem in Japan, interessierten sich dafür, wie wunderschön etwas sein kann, das leicht beschädigt ist – so wie ein Teddy viel wertvoller ist, wenn er alt ist und lange Zeit heiß geliebt wurde, auch wenn er dann an manchen Stellen schon kahle Stellen hat.

GROSSE IDEE #16

ERKLÄREN IST BESSER ALS NÖRGELN

Es ist nicht sehr schön, wenn dauernd genörgelt wird. Man wird immer wieder dazu aufgefordert, etwas zu tun und ständig gefragt: »Hast du das schon gemacht?« Und je öfter man gefragt wird, desto stärker wird der Widerwille. Manchmal nörgelst du vielleicht auch. Du nervst deine Eltern, weil du unbedingt einen Hund haben oder im Kino einen bestimmten Film sehen willst. Du bittest sie jeden Tag (oder zehnmal am Tag) darum, aber sie werden niemals zustimmen, zumindest erscheint es dir so. Obwohl viele Menschen nörgeln, funktioniert das seltsamerweise nicht besonders gut. Selbst wenn am Ende die andere Person einverstanden ist, fühlt sie sich bedrängt und so, als hätte man sie zu etwas gezwungen. Niemand nörgelt gerne oder mag es, wenn jemand anderes nörgelt.

Warum also nörgeln Menschen? Im Grunde möchten sie, dass eine andere Person etwas tut. Sie versuchen, sie dazu zu überreden. Wenn man nörgelt, dann will man etwas unbedingt – man hat eine Vorstellung im Kopf, wie wichtig etwas ist oder wie schön etwas sein könnte, und man möchte, dass die andere Person damit einverstanden ist. Man möchte, dass sie versteht, was man meint.

Das Problem ist, dass Nörgeln kein sehr gutes Mittel dafür ist, eine andere Person dazu zu bringen, etwas zu verstehen. Nörgeleien sind wie eine sehr schlechte Schulstunde. Nehmen wir einmal an, du hast die neue Matheaufgabe nicht verstanden. Schlechte Lehrer*innen würden ständig so etwas sagen wie: »Wieso machst du es nicht einfach?« Sie erklären es nicht. Sie bringen es dir nicht bei. Sie nörgeln einfach nur.

Der Grundgedanke hier ist, dass Menschen, die nicht das tun, was andere von ihnen wollen, oft nicht verstanden haben, warum es so wichtig ist. Die Nörgler*innen wissen, wie wichtig etwas ist – aber sie erklären nicht, warum es eine gute Idee ist, deshalb versteht es niemand und keiner tut es. Wenn man nörgelt, drängelt oder nicht aufhört, über etwas zu sprechen, versucht man, jemandem beizubringen, was man denkt und fühlt (schafft es aber nicht).

Der Gedanke, dass du selbst lehren kannst, überrascht dich vielleicht ein wenig. Normalerweise denken wir von Lehrer*innen, dass sie älter sind und einen besonderen Beruf ausüben. Aber in Wirklichkeit müssen wir alle hin und wieder jemanden unterrichten. Du bist immer dann ein Lehrer oder eine Lehrerin, wenn du jemandem hilfst, etwas zu verstehen – das kann aber schwierig sein, weil die meisten Erwachsenen nicht so oft Zeit dafür haben, dir zu erklären, wie man das macht.

Denk an die besten Lehrer*innen, die du hattest. Was hat sie ausgezeichnet? Vielleicht waren sie gut darin, dir zuzuhören – sie haben nicht einfach auf dich eingeredet, sondern dem zugehört, was du zu sagen hattest. Vielleicht haben sie dir auch viele Fragen gestellt, weil sie herausfinden wollten, warum du etwas nicht verstanden hast. Vielleicht waren sie auch sehr geduldig – wenn du etwas nicht verstanden hast, haben sie nicht gesagt, dass du ruhig bleiben musst oder dumm bist. Sie waren vermutlich auch begeisterungsfähig und haben sich darauf gefreut, mit dir gemeinsam Ideen zu besprechen. Die vielleicht wichtigste Sache ist, dass sie dir kein schlechtes Gefühl vermittelt haben, wenn du etwas noch nicht gewusst hast. Gute Lehrer*innen denken daran, dass du etwas noch nicht wissen kannst, bevor man es dir nicht beigebracht hat. Wenn du etwas nicht weißt, heißt das nicht, dass du dumm bist, sondern dass es dir noch niemand so beigebracht hat, dass du es verstehen konntest.

Wahrscheinlich weißt du schon eine Menge darüber, wie guter Schulunterricht aussieht, weil du schon einmal gute Lehrer*innen hattest. Von ihnen kannst du lernen, wie man besser wird. Denk daran: Wenn das nächste Mal jemand nörgelt, dann möchte diese Person dir etwas beibringen. Du selbst kannst in Zukunft daran denken, dass es immer besser ist, jemandem etwas zu erklären, statt zu nörgeln.

NÖRGELN VS. ERKLÄREN

In welchen Bereichen kannst du noch darauf achten, nicht mehr zu nörgeln, sondern zu erklären? Schau dir die Beispiele an und ergänze sie um eigene Beispiele.

Beispiele für Nörgeleien	Beispiele für erklärendes Sprechen
»Geh dein Zimmer aufräumen!«	*»Wenn du dein Zimmer aufräumst, findest du deine Sachen leichter.«*
»Beeil dich, du kommst sonst zu spät!«	*»Wenn du pünktlich bist, zeigst du den Menschen, dass du sie wertschätzt.«*
»Du gehst mir auf die Nerven.«	*»Warum glaubst du, verhältst du dich so?«*

EINE IDEE VON IMMANUEL KANT

Im 18. Jahrhundert lebte in Deutschland ein Philosoph namens Immanuel Kant. Er sah etwas komisch aus – er war klein und hatte einen kleinen Buckel. Seine Familie war sehr arm, doch er lernte eifrig und bekam eine Stelle an einer Universität, wo er ein sehr beliebter Dozent war. Er ging auf so viele Feste, dass man befürchten konnte, ihm bliebe keine Zeit mehr, um seine Bücher zu schreiben. Aber er war sehr diszipliniert und stand morgens sehr früh auf (um fünf Uhr) und schrieb. Er war sehr nett, ordentlich und dachte sich gerne kleine Regeln für sein Leben aus. Jeden Nachmittag um genau vier Uhr ging er spazieren, er hatte auch die Regel, einen Witz zu erzählen, wenn er nach dem Abendessen ein Stück Kuchen oder Eis aß. Kant liebte es, in dunklen, klaren Nächten in den Sternenhimmel zu blicken: Das erinnerte ihn daran, dass er sehr klein war und das Universum riesig.

Kant hasste es, wenn sich Menschen gegenseitig herumkommandierten. Er war der Meinung, dass es wichtig war zu verstehen, warum man etwas tun sollte – man sollte nichts tun, nur weil jemand anderes es gesagt hatte, sondern weil es aus der eigenen Sicht Sinn ergab. Wenn wir also wollen, dass eine andere Person etwas tut, müssen wir richtig erklären, was wir eigentlich wollen. Wir müssen sie dazu bringen, dass sie selbst versteht, warum es eine gute Idee ist. Laut Kant ist eine Idee dann gut, wenn auch andere verstehen, warum es sich lohnt, etwas Bestimmtes zu tun. Dann muss man niemanden dazu zwingen.

Warum hat das Huhn die Straße überquert?
Um auf die andere Seite zu kommen!

DAS KÖRPER-SEELE-PROBLEM

Was andere über dich denken, hängt sehr stark davon ab, wie du aussiehst. Es ist ziemlich seltsam, darüber nachzudenken, und es kann manchmal auch sehr schwierig sein – trotzdem ist es sehr wichtig, darüber zu sprechen.

Wenn du niedlich und unschuldig aussiehst, werden andere (vor allem Erwachsene) denken, dass du sehr nett und brav bist. Das hat vermutlich nicht viel damit zu tun, wie du dich innerlich fühlst, was sie aber nicht wissen. Wenn du unordentlich und ein bisschen crazy aussiehst, werden andere vermutlich denken, dass du das auch bist, obwohl du eigentlich ein sehr vorsichtiger und rücksichtsvoller Mensch bist.

Das klingt nicht besonders nett, deshalb lohnt es sich zu überlegen, dass du vermutlich über andere Menschen auch so denkst. Wenn du jemanden nicht besonders gut kennst, schätzt du wahrscheinlich anhand seines Aussehens ein, wie er ist. Du kannst dich nur auf das Aussehen beziehen, wenn du eine neue Person kennenlernst, weil du rein gar nichts darüber weißt, was in ihrem Kopf vor sich geht.

Geht es um dich, ist das eine andere Sache. Du kennst dich und du weißt, wie wenig dir dein Aussehen hilft, um dich selbst kennenzulernen. Vielleicht siehst du nicht so aus, wie du es gerne hättest. Vielleicht denkst du, dass du zu groß bist, zu klein; du wünschst dir vielleicht eine andere Nase, andere Haare oder Ohren. Oder du machst dir Sorgen, dass du zu rundlich oder zu dünn bist oder ganz anders aussiehst als die anderen. Hinter diesen verschiedenen Sorgen steckt ein Grundgedanke: Andere Menschen bekommen eine falsche Vorstellung – sie werden nicht sehen, wer man wirklich ist, sie sehen nur, wie man aussieht.

Wenn du dich ganz genau im Spiegel betrachtest und dir vorstellst, was andere über dich denken könnten, wenn sie ihre Aufmerksamkeit bloß auf dein Äußeres lenken würden, kann das sehr seltsam sein. Stell dir einmal vor, wie dich Fremde einschätzen würden. Sie würden bei einer Sache oder zwei richtig liegen, aber bei allem anderen lägen sie falsch. Ein sehr wichtiger Unterschied besteht zwischen dem, wie du äußerlich aussiehst und wie du innerlich wirklich bist.

Versuche einmal, deine Haare auf eine andere Art zu kämmen oder probiere mal einen anderen Gesichtsausdruck aus. Das ändert überhaupt nichts – du bist nach wie vor der Mensch, der du immer warst, nur dein Gesichtsausdruck vermittelt den anderen eine andere Botschaft. Es ist verrückt, wie sehr du in der Hand hast, was andere über dich denken – nur, indem du dein Aussehen anpasst, obwohl du dich ja gar nicht verändert hast.

Doch wie sehr du auch deine Haare veränderst, andere Klamotten anziehst, lächelst oder mit der Stirn runzelst, eine Sache bleibt gewiss: Andere Menschen werden beim bloßen Anblick nicht wissen können, wer du bist. Das liegt nicht daran, dass sie dumm sind – sondern dass es immer schwierig ist herauszufinden, wie jemand im Inneren ist.

Es ist in Ordnung, wenn dich das manchmal traurig macht. Du hast dir dein Aussehen nicht ausgesucht, aber andere beurteilen dich über dein Erscheinungsbild. Sie sehen deine Haare, deine Nase, deine Beine und entscheiden darüber, wer du bist. Deshalb ist es normal, dass sich Menschen über ihr Aussehen Gedanken machen – weil sie (leider) wissen, dass andere Menschen sie danach beurteilen. Das ist nicht fair, aber es passiert immer wieder. Das Komische daran ist, dass es allen so geht. Jeder Mensch wurde in einen Körper gesteckt, den er sich nicht ausgesucht hat. Wir haben uns nicht ausgesucht, wie wir aussehen. Und doch beurteilen wir die anderen, als ob ihr Aussehen darüber entscheiden würde, wer sie sind.

Wir können freundlicher zueinander sein, wenn wir uns daran erinnern, dass die Menschen innerlich ganz anders sein können, als sie wirken. Jemand, der sehr klug und langweilig wirkt, könnte nett und lustig sein. Jemand, der sehr alt und langsam ist, erinnert sich vielleicht gut daran, wie es war, ein Kind zu sein. Jemand, der eine seltsame Aussprache hat, hat vielleicht etwas sehr Wichtiges zu sagen. Jemand, der sehr schön aussieht, kann sich traurig und hässlich fühlen. Eine Person, die erfolgreich wirkt, fühlt sich vielleicht in

Wahrheit als Versagerin. Das kann man nicht erkennen, wenn man die Menschen nur ansieht. Allerdings weiß man eines: Sie sind alle wie du, weil sie im Inneren ganz anders aussehen.

EINE IDEE VON JEAN-PAUL SARTRE

Der französische Philosoph Jean-Paul Sartre wurde 1905 geboren. In der Schule war er unglücklich, weil er oft gemobbt wurde, doch während seines Studiums kam er sehr gut zurecht. Er hatte ungewöhnlich große Ohren, und sein rechtes Auge sah so aus, als starre es in eine Ecke. Er war auch ziemlich frech, er spielte anderen gerne Streiche. Nach der Universität wurde Sartre für ein paar Jahre Lehrer und lebte hauptsächlich in Paris. Er ging gerne in Cafés und aß für sein Leben gern Kuchen und Süßigkeiten. Schließlich wurde er sehr berühmt – als er 1980 starb, kamen 50 000 Menschen zu seiner Beerdigung.

Sartre begeisterte sich für die eigenartigen Aspekte des Lebens. Dazu gehörte, dass wir uns auf zwei verschiedenen Arten erleben: Es gibt eine Seite, die nur »für uns selbst« und eine andere, die »für andere« bestimmt ist. In unserem Kopf haben wir Erinnerungen, Pläne, Ideen und Hoffnungen – und eine Menge komplizierter Gefühle. Doch für andere sind wir vielleicht nur diese seltsame Person mit der Brille, die auf die gleiche Schule geht. Sartre war besorgt darüber, dass wir den Bezug zu all den interessanten Dinge in unserem Kopf verlieren könnten, und uns selbst nur noch so sehen, wie die anderen Menschen es tun. Wir könnten zu viel Aufmerksamkeit darauf verwenden, was andere Menschen über uns denken.

Das tun wir nicht, um böse zu sein, aber wir vergessen oft, dass andere Menschen viel interessanter sein könnten, als sie aussehen. Deine Lehrerin ist für dich vielleicht nur eine Lehrerin mit einer lustigen Frisur und hässlichen Schuhen, aber innerlich ist sie anders. Sie erinnert sich daran, wie sie als Fünfjährige Verstecken gespielt hat und mit zwölf gut im Sport war. Sie geht gerne schwimmen, essen und sie träumt davon, in den isländischen Bergen zu klettern, Motorrad zu fahren oder tanzen zu lernen.

Es ist sehr wichtig, dass wir versuchen, wie Sartre zu denken, und uns daran zu erinnern, dass man niemals einen Menschen anhand seines Aussehens einschätzen kann – man muss ihn erst einmal kennenlernen.

WARUM DU DICH EINSAM FÜHLST

Fühlst du dich ab und zu einsam? Wahrscheinlich schon. Jede*r fühlt sich manchmal einsam, auch wenn man Freund*innen und Familie um sich herum hat – das bedeutet nicht, dass man seltsam ist.

Der rätselhafteste Aspekt der Einsamkeit ist, dass das Gefühl nicht nur auftritt, wenn keine anderen Menschen in der Nähe sind. Meistens fühlen wir uns einsam, wenn wir denken, dass uns niemand versteht. Deshalb kann das Gefühl dazu führen, dass man sich fragt, ob mit einem etwas nicht stimmt. Vielleicht begeistern sich andere Kinder in deiner Klasse für etwas, das du nicht besonders spannend findest. Vielleicht beschäftigst du dich gerne mit Insekten oder griechischen Mythen und Legenden, aber niemand sonst scheint sich dafür zu interessieren. Das kann einsam machen und dazu führen, dass du dich für einen Sonderling hältst und das Gefühl hast, dass dich niemand versteht.

Du bist kein Sonderling, und es ist gar nicht so schwer, dich zu verstehen. Es ist nur so, dass du von einer kleinen Auswahl an Menschen umgeben bist: die 20 oder 30 Kinder, die zufällig auch in deine Klasse gehen, und eine Handvoll Menschen, die zufällig zu deinem engen Familienkreis gehören. Bei einer solch kleinen Gruppe hat man kaum die Chance, genau den Menschen zu treffen, der einen versteht. Glücklicherweise leben aber so viele Menschen auf unserem Planeten, dass es sicher sehr viele extrem nette Menschen da draußen gibt, die deine Interessen teilen und unglaublich gerne mit dir darüber sprechen und etwas unternehmen würden. Stell dir vor, dass es nur einen von 100 Menschen gibt, der in der Lage ist, dich absolut zu verstehen. Das klingt nicht nach viel, aber in einer Stadt mit einer Million Einwohner*innen heißt das, dass es 10 000 Menschen sind – und in einem Land mit 80 Millionen Einwohner*innen 800 000!

Also statt zu sagen »Niemand versteht mich«, könntest du dir sagen: »Niemand, der sich momentan in meiner Nähe befindet, versteht mich.« Der Unterschied zwischen diesen beiden Gefühlslagen ist sehr groß und wichtig.

Auch wenn du nur mit einer ziemlich kleinen Gruppe zur Schule gehst und niemand deine Interessen teilt, weißt du jetzt, dass nicht du das Problem bist. Das Problem ist, dass die Schulen und Familien so klein sind – im Vergleich zu den vielen, vielen interessanten Menschen, die es da draußen gibt.

Mach dir aber keine Sorgen – du musst nicht ewig darauf warten, um neue Freund*innen mit gleichen Interessen zu finden. Noch etwas ist wichtig: Auch wenn die anderen nicht so wirken, als würden sie jetzt deine Interessen teilen, könnten sie es vielleicht doch tun. Vielleicht gibt es andere Kinder in deiner Klasse, die gerne über Insekten oder griechische Mythen sprechen würden, aber das lieber für sich behalten, weil sie denken, dass sich sonst niemand dafür interessiert. Oder sie würden gerne mehr darüber erfahren, hatten aber noch nicht die Gelegenheit, zu verstehen, wie interessant diese Themen sind.

Es fühlt sich für dich vielleicht so an, als wärst du die einzige Person, die sich manchmal einsam fühlt, aber denk daran, dass das nicht stimmt. Fast jeder fühlt sich manchmal einsam, sogar Erwachsene: Sie sprechen nur nicht darüber, meistens, weil es ihnen peinlich ist, es zuzugeben. Dafür muss man sich aber nicht schämen. Alle sind auf der Suche nach Menschen, die sie verstehen, damit sie sich nicht einsam fühlen. Wir müssen uns selbst daran erinnern, dass es da draußen Menschen gibt, denen wir uns nahe fühlen können. Wir haben die Menschen, die wir brauchen, vielleicht noch nicht gefunden, aber es gibt sie und wir werden sie finden – vor allem, wenn wir es wagen, uns (zunächst uns selbst gegenüber) einzugestehen, dass wir einsam sind.

EHRLICH SEIN BEIM THEMA EINSAMKEIT

*Nenne ein paar Punkte, die dazu führen, dass du dich einsam fühlst. Eine Freundschaft beginnt dann, wenn du weißt, wann du dich einsam fühlst und dich traust, dich deinem Freund oder deiner Freundin anzuvertrauen, denn gute Freund*innen wissen Sachen über dich, die sonst niemand weiß.*

EINE IDEE VON MICHEL DE MONTAIGNE

Der französische Philosoph Michel de Montaigne war einer der nettesten Menschen, die je gelebt haben. Er wurde 1533 geboren, also vor fast 500 Jahren. Er stammte aus einer recht wohlhabenden Familie – sie besaß sogar ein kleines Schloss –, und er hatte eine Zeit lang einen guten Posten in der Politik inne. Doch die meiste Zeit seines Lebens verbrachte er in einem besonderen Zimmer, das sich in einem Turm seines Schlosses befand und mit Büchern vollgestopft war. Er mochte die Menschen in seinem Ort sehr gerne, auch wenn sie nicht so gebildet waren wie er. Er war der Meinung, dass man beim Gemüseanbauen oder Putzen genauso viel – oder sogar mehr – vom Leben lernen kann als aus Büchern. Er trug einen kleinen Schnurrbart und Bart und bekam bereits früh eine Glatze.

Montaigne war manchmal einsam. Er mochte nicht dieselben Sachen wie die anderen wohlhabenden Menschen in seiner Umgebung. Jedoch reiste er sehr viel und diese Reisen ermöglichten ihm zu sehen, wie unterschiedlich die Länder waren. Kleidung, die man an einem Ort trägt, sieht woanders seltsam aus. Was man isst, ändert sich, je nachdem, wo man sich befindet. Wir fühlen uns sonderbar, stellte Montaigne fest, weil wir einfach nicht in die Umgebung passen, die uns unmittelbar umgibt – doch anderswo passen wir wunderbar dazu.

Dann tat Montaigne etwas sehr Interessantes – er verfasste ein Buch darüber, wie es sich anfühlt, Montaigne zu sein. Er schrieb über all das, was er mochte und was ihn interessierte. Er war der erste Mensch, der das getan hat. Zu seiner großen Überraschung hatte sein Buch Erfolg. Natürlich gefiel es nicht jedem – eben nur jedem Hundertsten. Doch auf ganz Frankreich hochgerechnet war das eine Menge. Vielleicht war niemand aus seiner Nachbarschaft darunter, vielleicht war es den Dorfbewohnern*innen egal, aber er entdeckte etwas sehr Wichtiges: Viele Menschen können dich verstehen, du kennst sie nur noch nicht.

wie es ist,
ich zu
sein

GROSSE IDEE #19

DER SINN DES LEBENS

Die Frage »Was ist der Sinn des Lebens?« klingt ernst. Man hält sie für eine etwas verrückte Frage, oder denkt, dass die Antwort sehr kompliziert sein muss. In Wahrheit aber ist die Frage sehr wichtig und ihre Antwort gar nicht so kompliziert.

Der Sinn des Lebens besteht darin, dass sich dein Leben interessant und gut anfühlt. Ja, so einfach ist es. Um das zu erreichen, musst du dich vor allem um Dinge kümmern. Wenn du etwas in Ordnung bringst, löst du ein Problem, das für dich wichtig ist. Du setzt die eigene Intelligenz und die eigenen Fähigkeiten ein, um etwas wieder einzurenken, damit es dich nicht mehr stört oder dir lästig ist. Das fühlt sich gut an, selbst wenn es sich nur um Kleinigkeiten handelt. Wenn zum Beispiel dein Zimmer unordentlich ist, kannst du es in Ordnung bringen, indem du es aufräumst – ein köstliches Gefühl, wenn es erledigt ist. Oder du umarmst deine Mutter nach einem Streit. Probleme machen das Leben schwer, deshalb ist es gut, die Probleme zu lösen, um ein sinnerfülltes Leben führen zu können.

Allerdings ist es nicht immer so einfach, wie das Zimmer aufzuräumen oder jemanden zu umarmen. Es gibt große und kleine Probleme. Etwas, das sowohl für andere als auch für dich schlecht ist, ist ein großes Problem. Um eine Vorstellung davon zu bekommen, was du tun kannst, um dein Leben sinnvoll zu gestalten, kannst du dir ein Problem aussuchen, das du gerne lösen möchtest (oder bei dem du helfen kannst, weil du nicht alles allein ma-

chen musst). Seltsamerweise spielt es keine Rolle, wie groß oder gravierend dieses Problem momentan erscheint. Es können Fragen sein wie: »Was macht eine Stadt lebenswert?«, »Was können wir tun, damit Menschen weniger streiten?«, »Warum können nicht alle lustige Witze erzählen?« oder »Warum kann nicht jede*r eine gute Arbeitsstelle haben?« Du kannst aber auch mit dem beginnen, was dich stört – vielleicht, dass die Menschen zu viel Müll auf den Straßen hinterlassen oder deine Freund*innen zu viel Zeit mit ihrem Smartphone verbringen, statt mit dir zu sprechen. Das ist alles sehr ärgerlich, aber vor allem sind es Probleme, die gelöst werden müssen. Wenn du verärgert bist, wirst du feststellen, was gerade nicht besonders gut läuft – etwas, das man beheben könnte. Es gibt viele Probleme auf der Welt, die gelöst werden müssen.

Vermutlich weißt du gerade noch nicht, wie du das Problem lösen kannst (auch wenn du ein paar gute Ideen hast), das macht aber nichts. Je früher du dich fragst, welche großen Probleme gelöst werden müssen (und bei welchen du gerne helfen würdest), desto besser. Es ist gut, schon früh im Leben darüber nachzudenken, denn so bekommst du eine Vorstellung davon, welche Fähigkeiten du erwerben kannst, die dir dabei helfen werden. Manchmal erscheint es sinnlos, zur Schule zu gehen, weil man sich denkt: »Wofür muss ich das denn lernen?« Bildung wird dann spannend, wenn du das Bedürfnis entwickelst, etwas lernen zu müssen, weil es dir später helfen wird, ein wichtiges Problem zu lösen.

Wahrscheinlich wird es dir nicht gelingen, ein großes Problem vollständig zu lösen. Das spielt auch keine Rolle. Die Hauptsache ist, dass du es versuchst, und dass du dazu beiträgst, das Problem zu lösen, auch wenn es nur ein minimaler Beitrag ist. Dein Leben wird interessanter, wenn du versuchst, etwas Gutes zu tun, und dieses sinnstiftende

Gefühl hängt davon ab, was du versuchst – und nicht davon, ob du es am Ende auch lösen kannst. Du kannst dieses Gefühl etwas besser verstehen, wenn du es mit einem Puzzlespiel vergleichst. Von einem Puzzleteil weißt du ganz lange nicht, wohin es gehört. Du bist frustriert, aber du versuchst es weiter und schließlich findest du die richtige Stelle. Es passt perfekt, und es fühlt sich großartig an, endlich die richtige Stelle gefunden zu haben. Das Puzzle ist zwar noch lange nicht fertig, aber du stellst fest, dass du Fortschritte machst.

Der Sinn des Lebens ist nichts Großes oder Beängstigendes. Es ist einfach das Gefühl, dass man Fortschritte bei der Lösung der Probleme macht, die einen am meisten beschäftigen – selbst wenn man noch lange nicht alle gelöst hast.

EINE LISTE MIT INTERESSANTEN PROBLEMEN

Erstelle eine Liste mit Problemen, an deren Lösung du besonders interessiert bist. Zum Beispiel:

Wie können wir Städte lebenswerter machen?

Wieso sind manche Menschen gemein zueinander?

Wie kann man am besten ein glückliches Leben führen?

EINE IDEE VON ARISTOTELES

Ein Philosoph, der sehr viel darüber nachdachte, was das Leben interessant und erfüllend macht, war Aristoteles. Er lebte im antiken Griechenland, war aber zu jung, um Sokrates zu treffen (den wir bereits auf Seite 18 kennengelernt haben). Aristoteles ging einer spannenden Tätigkeit nach. Er unterrichtete einen jungen Prinzen namens Alexander. Alexander wurde bald zum König ernannt und eroberte mit seiner Armee praktisch alle damals wichtigen Länder. Er war so erfolgreich, dass er als Alexander der Große in die Geschichte einging. Wie du dir vielleicht vorstellen kannst, muss es für einen Lehrer eine merkwürdige Erfahrung gewesen sein, mitzuerleben, wie sein eigener Schüler die Welt erobert.

Aristoteles interessierte sich für alles. Er lebte zu einer Zeit, als man noch nicht viel wusste, und er wollte alles Mögliche herausfinden – etwa wie Bäume wachsen, warum der Wind weht, welche Regierungsform die beste ist, warum manche Menschen glücklicher sind als andere, wie Würmer geboren werden, wie man Menschen überzeugen kann und wie das Denken funktioniert.

Bei einer seiner großen Ideen geht es um Fähigkeiten. Wir sind an das Konzept gewöhnt – wir wissen, dass man beim Kartenmischen gut werden kann (wenn man sehr viel übt) oder beim Arabischlernen (wenn es nicht die Muttersprache ist). Laut Aristoteles brauchte man jedoch auch für viele weitere Dinge Fähigkeiten. Er war der Meinung, dass zum Beispiel Witze erzählen, Ruhe bewahren, Freundlichkeit und ein vernünftiger Umgang mit Geld ebenfalls Fähigkeiten sind. Er hatte recht. Man kommt nicht mit diesen Fähigkeiten zur Welt – man erlernt sie. Jede*r kann lernen, gut darin zu sein, nur leider legt der reguläre Schulunterricht keinen Wert darauf, diese Fähigkeiten zu vermitteln.

Aristoteles war auch der Ansicht, dass das, was uns am meisten Freude bereitet, eine nützliche Fähigkeit ist, um das zu erreichen, was uns wichtig ist. Wir mögen es, etwas zu erreichen, das sich zunächst schwierig anfühlt, das wir aber bewältigen, wenn wir dranbleiben und lernen. Wenn wir das tun, haben wir das Gefühl, dass wir unsere Fähigkeiten und unsere Intelligenz richtig eingesetzt haben. Laut Aristoteles bedeutet Glück, das Leben als sinnvoll zu empfinden, und das erreicht man, wenn man auf ein wichtiges Ziel aktiv hinarbeitet.

GROSSE IDEE #20

WARUM UNS GÜNSTIGES UND GEWÖHNLICHES NICHT SO ANZIEHT

Liebst du Ananas? Flippst du aus, wenn du nur an Ananas denkst? Vermutlich nicht. Viele mögen Ananas, aber niemand findet sie überragend toll. Vor 200 Jahren sah das noch ganz anders aus. Damals waren Ananas etwas sehr Aufregendes. Wenn man eine Ananas kaufte, lud man all seine Freund*innen zu einer besonderen Feier ein, um diese Ananas zu bewundern – alle bekamen ein winziges Stückchen davon ab, und danach wurde noch wochenlang darüber gesprochen.

Warum sind wir nicht mehr so begeistert wie vor 200 Jahren? Der Geschmack ist immer noch gleich – doch der Preis hat sich geändert. Heute zahlt man nicht mehr viel für eine Ananas, aber vor 200 Jahren war sie unglaublich teuer. Es war sehr schwierig, Ananas anzubauen und sie auf dem langen Seeweg nach Europa frisch zu halten. Sie kostete damals so viel wie heutzutage ein Auto – es war das teuerste Lebensmittel.

Schließlich fand man heraus, wie man Ananas recht einfach anbauen kann, und der Preis fiel. Gleichzeitig nahm die Begeisterung ab. Die Geschichte der Ananas zeigt, wie Menschen ticken. Wenn etwas rar und teuer ist, finden wir es aufregend. Doch wenn etwas billig und einfach zu bekommen ist, beachten wir es nicht mehr. Wir nehmen gar nicht mehr das Schöne daran wahr.

Stell dir vor, du nimmst ein Bad. Ein Bad zu nehmen ist etwas sehr Schönes, aber für dich ist es vielleicht nichts Besonderes. Jahrhundertelang war es das aber. Die Menschen nahmen sich frei, nur um ein Bad zu nehmen. Ein Bad zu nehmen ist nach wie vor dasselbe wie vor hundert Jahren – es ist aber einfacher und günstiger geworden. Für uns ist es nicht so wichtig – manchmal fühlt es sich sogar an wie eine lästige Pflicht. Oder ein Glas Wasser: Auch das ist für uns in der Regel nichts Besonderes, eher langweilig. Doch wenn man nach dem Sport sehr durstig ist und sich der Mund trocken anfühlt, ist der erste Schluck etwas sehr Schönes. Erst dann stellt man fest, wie sauber und frisch das Wasser ist, und wie gut es sich anfühlt, es zu trinken. Wenn Wasser ein sehr teures Gut wäre, und man es nur zu besonderen Gelegenheiten trinken dürfte, wäre es das Beste der Welt.

Mithilfe eines einfachen Tricks kannst du daran denken, auch die einfachen Dinge wertzuschätzen. Versuch mal, etwas Günstiges genauso zu betrachten wie etwas Teures. Du könntest in einen Kartoffelpuffer beißen und überlegen, wie warm und tröstlich er schmeckt, so als wärst du der erste Mensch in deinem Land, der einen Kartoffelpuffer probieren darf. Du könntest dir auch vorstellen, dass du der einzige Mensch bist, der seine Zähne putzen darf – du wirst erstaunt sein über diese interessante Erfahrung und darüber, wie frisch sich dein Mund danach anfühlen wird. Oder stell dir vor, dass ein Stift so viel kostet wie ein Auto – du wirst feststellen, wie clever es ist, dass man ihn spitzen und damit Notizen auf einem Blatt Papier machen kann.

Wir können uns dafür entscheiden, allem unsere Aufmerksamkeit zu schenken – egal, wie klein oder gewöhnlich es erscheint –, und dadurch alles viel schöner machen.

EINE IDEE VON MARY WOLLSTONECRAFT

Mary Wollstonecraft war eine englische Philosophin, die 1759, also vor über 200 Jahren, geboren wurde. Sie wuchs in London auf und hatte keine sehr glückliche Kindheit, weil ihre Eltern sich häufig stritten. Als Erwachsene eröffnete sie gemeinsam mit ihrer Schwester eine Schule – das war ziemlich skandalös, weil man damals dachte, dass nur Knaben eine gute Bildung erhalten sollten, womit Mary Wollstonecraft überhaupt nicht einverstanden war. Sie war eine sehr gute Lehrerin und verfasste ein Philosophiebuch für Kinder (in einem Kapitel ihres Buches geht es um Prokrastination – eine Idee, der wir in diesem Buch bereits begegnet sind). Sie ging gerne auf Partys und freundete sich mit vielen interessanten Menschen an. Sie war sehr mutig – und machte sich nicht allzu viele Gedanken darüber, was andere über sie dachten. Als sie einmal nach Schweden, Norwegen und Dänemark reiste, versuchte sie einen Schatz zu retten, der einer ihrer Freundinnen gestohlen worden war.

Mary Wollstonecraft interessierte sich dafür, wie Menschen ihr Geld ausgeben. Sie versuchte, ihnen beizubringen, genau darüber nachzudenken, was sie eigentlich wollen, bevor sie es kaufen. Mary Wollstonecraft nannte die Idee, intensiv über etwas nachzudenken, rational. Sie war der Meinung, dass eine Menge wohlhabender Menschen ihr Geld verschwendeten und Dinge kauften, die sie nicht mochten und keine Freude daran hatten (sie hätte definitiv niemanden dazu ermutigt, ein Vermögen für eine teure Ananas auszugeben). Nicht, dass sie es schön fand, arm zu sein – sie trug gerne schöne Kleider und freute sich sehr über das Geld, das sie mit ihren Büchern verdiente –, aber sie war der Ansicht, dass viele Menschen vergessen, wie schön einfache und gewöhnliche Dinge sein können. Sie versuchte ihnen zu helfen, sich daran zu erinnern – und hoffentlich erreicht sie das auch bei dir.

EIN PLÄDOYER
FÜR DIE
DER

GROSSE IDEE #21

DIE NACHRICHTEN ERZÄHLEN NICHT IMMER DIE GANZE GESCHICHTE

Nachrichten sind überall. Sie laufen im Fernsehen und die Tageszeitungen sind voll mit Artikeln und Fotos. Die Nachrichten sind oft nicht schön: Irgendwo herrscht Krieg, eine Region wurde von einem Erdbeben oder einer Flut erschüttert, eine Bombe ging hoch oder jemand wurde verletzt oder ausgeraubt. Das kann beängstigend sein. Manchmal geht es in den Nachrichten um berühmte Sänger oder Sportlerinnen, reiche Geschäftsleute, die eine neue Yacht gekauft haben oder um Politikerinnen, die wichtige Entscheidungen treffen. Es gibt eine Menge Nachrichten. Das kann einem das Gefühl geben, dass man über alles in der Welt informiert ist – vielleicht ist die Welt, wie du sie dir vorstellst, von den Nachrichten geformt, die du gesehen hast.

Allerdings haben die Nachrichten etwas recht Merkwürdiges an sich: Sie verpassen fast alles. Denk doch mal an all das, worüber du nie in der Zeitung liest. Es gab keine Story darüber, wie schön es letzte Woche bei deiner Freundin war, über den Kuchen, den dein Bruder für deine Mutter zum Geburtstag gebacken hat, über den lustigen Spruch deines Vaters gestern oder darüber, wie schön es ist, wenn dir vorgelesen wird. Es passieren unheimlich viele Dinge in deinem Leben, über die in den Nachrichten nicht berichtet wird – und das betrifft nur dein Leben. Dasselbe gilt auch für fast alle anderen. Zwei Jungs in Singapur haben sich zerstritten, danach haben sie sich wieder versöhnt. Eine wichtige Angelegenheit – aber darüber stand nichts in den Zeitungen. Ein Mädchen in Südafrika dachte, ihre Lieblingshose verloren zu haben, aber es stellte sich heraus, dass ihre Mutter sie in den Wäschekorb gesteckt hatte. Auch nicht in den Nachrichten. Eine Katze in Madrid fand eine behaglich warme Fensterbank, worauf sie den ganzen Nachmittag lag. Darüber berichtet selbst die Lokalzeitung nicht. Es gibt Milliarden solcher Geschichten, die sich jeden Tag ereignen – und keine davon steht in der Zeitung. Wäre das der Fall, würde man ein vollkommen anderes – und präziseres – Bild von unserer Welt bekommen.

Über diese Geschichten wird in den Nachrichten nicht gesprochen, weil normalerweise nur über schockierende und außergewöhnliche Geschichten berichtet wird. Die Nachrichten neigen dazu, sich auf die schlechten Dinge, die in der Welt geschehen, zu konzentrieren, um ihre Leser*innen auf dem Laufenden zu halten, und damit sie am Ball bleiben. Doch wenn wir zu viele Nachrichten konsumieren, stellt sich bald das Gefühl ein, dass die Welt ein sehr schlechter Ort ist. Das ist sie aber nicht. Es ereignen sich auch viele gute und sinnvolle Dinge – sie erhalten nur nicht so viel Aufmerksamkeit wie die schlechten, deshalb ist es schwieriger, sie zu bemerken. Stell dir vor, du drehst ein Video über die drei schlimmsten Dinge, die dir während eines Tages passiert sind, und du würdest es deinen Eltern zeigen – sie würden eine komplett falsche Vorstellung von deinem Tag bekommen.

Wenn du Nachrichten siehst oder liest, ist es wichtig, daran zu denken, dass sie normalerweise nur einen winzigen Ausschnitt davon zeigen, was in der Welt vor sich geht. Die Welt ist kein so schlechter Ort – dir werden nur nicht die schönen Seiten gezeigt.

EINE IDEE VON JACQUES DERRIDA

Jacques Derrida war ein französischer Philosoph. Er lebte vor nicht allzu langer Zeit – von 1930 bis 2004. Er kam in Algerien zur Welt, an der nordafrikanischen Küste, damals gehörte Algerien allerdings noch zu Frankreich. Er war ein großer Fußballfan und wollte ursprünglich auch Fußballer werden. (Witzigerweise wurde Derrida ziemlich stark von einem anderen Philosophen inspiriert, den wir bereits kennengelernt haben: Albert Camus. Camus wuchs ebenfalls in Algerien auf und war fußballbegeistert.) Später zog Derrida nach Paris, um dort zu studieren. Er verfasste viele Bücher und wurde sehr berühmt. In seiner Freizeit spielte er gerne Billard. Auch Katzen mochte er sehr gerne und seine Haare waren immer etwas verwuschelt.

Derrida interessierte sich sehr dafür, was die Leute sagen und was nicht – worüber sie schweigen oder welchem Thema sie keine Aufmerksamkeit schenken. Wenn er Zeitung las, dachte er immer über Geschichten nach, die ebenfalls hätten erzählt werden können. Warum wurden sie nicht erzählt?

Laut Derrida haben Menschen oft gute Gründe, warum sie etwas ignorieren. Sie machen keinen Fehler – sie vergessen nicht einfach, etwas zu erwähnen. Sie ignorieren die eine Sache, wollen aber weiterhin über etwas sprechen, aber eben über etwas anderes. Sie tun so als ob. Das ist so wie manchmal in der Zeitung und in den Nachrichten: Hier wird nicht einfach vergessen, dass sich ständig viele schöne und normale Dinge ereignen, es geht oft darum, den Eindruck zu erwecken, dass die Welt viel dramatischer und gefährlicher wäre, als sie ist.

DIE NACHRICHTEN
ERZÄHLEN NICHT
IMMER DIE GANZE
GESCHICHTE
NEWS! NEWS!
NEWS! NEWS!
NEWS! NEWS!
NEWS! NEWS!

GROSSE IDEE #22

KUNST MACHT WERBUNG FÜR DAS, WAS IM LEBEN WICHTIG IST

Es mag ein seltsamer Gedanke sein, aber Kunst – die Sorte von Kunst, die man in einer Kunstgalerie betrachten kann – ist so etwas wie Werbung. Werbung ist sehr mächtig. Sie gehört zu den größten Wirtschaftszweigen der Welt, denn viele große Unternehmen sind abhängig davon, dass man ihre Produkte kauft. Man sieht täglich vermutlich hunderte Werbeanzeigen – für Pizza, Autos, Urlaube, Schokoladenriegel, Spielzeug, Spiele, Uhren, Handtaschen, Schuhe ... Es kommt einem so vor, als würde absolut alles beworben werden, was man auch nur ansatzweise brauchen kann.

Allerdings wird auch vieles nicht beworben – zumindest normalerweise nicht. Es gibt keine einzige Werbung dafür, ein netter Freund zu sein, sich gut mit seiner Mutter zu verstehen, nett zu den Geschwistern zu sein, zu erkennen, was an Bäumen oder Wolken so toll ist oder wie man allein glücklich ist. Das alles ist sehr wichtig, aber es wird in der Regel nicht beworben. Mit einer Ausnahme: der Kunst. Vielleicht magst du Kunst gerne – du zeichnest und malst gern, erstellst Collagen oder Figuren aus Ton –, aber die Kunst, die in Museen und Galerien zu sehen ist, kommt dir ganz schön langweilig vor, als wäre sie nur etwas für Erwachsene. Doch das ist nur die halbe Wahrheit. Kunst ist für alle da. Und Kunst ist sehr gut dafür geeignet, Werbung für die wichtigen Dinge im Leben zu machen, die man sonst gerne übersieht.

Das unterbrochene Pianospiel, Willem Bartel van der Kooi, 1813.

Dieses Gemälde ist eine Werbung dafür, nett zu seinen Geschwistern zu sein. Es ist eine Werbung, weil der Künstler mit dem Bild zum Ausdruck bringt, dass es wichtig ist, und indem er es schön und ansprechend gestaltet hat, versucht er dich dazu zu bringen, diese Stimmung auch haben zu wollen. Das Gemälde will dich nicht dazu animieren, ein Klavier oder ein blaues Kleid zu kaufen. Du sollst vielmehr wie das Mädchen nett zu einem jüngeren Kind sein, das vielleicht etwas albern ist.

Dieses Bild ist eine Werbung dafür, Wolken zu betrachten. Indem es die Wolken interessant und schön aussehen lässt, zeigt es, dass man es sehr genießen kann, den Himmel zu betrachten. Es möchte nicht, dass du etwas kaufst, aber es möchte dich dazu bringen, etwas zu tun.

Weite Landschaft mit zerstörten Befestigungsanlagen und einer Kirche im Hintergrund, Jacob van Ruisdael, 1665–70.

Das große Rasenstück, Albrecht Dürer, 1503.

Dieses Gemälde ist eine Werbung dafür, sich ins Gras und in den Schlamm zu setzen, sich die Grashalme genau anzuschauen und zu beobachten, wie jedes Blatt eine andere Form hat. Der Anblick dieses Gemäldes sollte dich dazu anregen, darüber nachzudenken, wie interessant es doch sein kann, die Natur um dich herum genau zu beobachten.

Freundschaft, Agnes Martin, 1963.

Manchmal bewirbt ein Kunstwerk ein Gefühl. Dieses hier ist eine Werbung für das Gefühl, gelassen und allein glücklich zu sein. Die Künstlerin hat die Linien mit der Hand gemalt und sie alle perfekt abgemessen. Sie konnte es genießen, allein zu arbeiten und sich ganz auf ihre Kunst zu konzentrieren, deshalb erinnert uns dieses Gemälde daran, wie viel Spaß es machen kann, etwas nur für sich zu tun.

Manche denken, dass Werbung schlecht ist, weil sie uns dazu bringt, etwas zu wollen, das wir gar nicht benötigen. Damit haben sie nicht ganz unrecht – manche Werbeanzeigen tun das. Doch das ist nicht die ganze Wahrheit. Es gibt Dinge, die wir auf jeden Fall brauchen, und es ist gut, wenn wir daran erinnert werden. Hier kommt die Kunst ins Spiel – sie kann uns dazu anregen, dass wir uns auf die schönen und wichtigen Dinge im Leben konzentrieren. Wenn du dich mit einem Kunstwerk anfreunden möchtest, kannst du dich fragen: Für welche schöne Sache macht es Werbung?

EINE IDEE VON GEORG WILHELM FRIEDRICH HEGEL

Georg Wilhelm Friedrich Hegel war ein deutscher Philosoph, der 1770 geboren wurde. Er war ein sehr fleißiger Schüler und hatte fast immer Bestnoten. Später wurde er Rektor einer Schule, danach gab er eine Zeitung heraus, schließlich wurde er Universitätsprofessor. Er blieb gerne lange auf, und wenn man ihn mitten in der Nacht in seiner Berliner Wohnung besuchte, fand man ihn bei der Arbeit vor. Er liebte es, Karten zu spielen und zu singen, und er schrieb umfangreiche, sehr komplizierte Bücher. Er wurde sehr berühmt.

Hegel mochte Ideen sehr, doch er erkannte auch etwas sehr Trauriges: Wir können Ideen sehr leicht ignorieren. Er stellte fest, dass wir etwas zunächst sehen und fühlen müssen, bevor wir uns dafür begeistern können. Wenn dir jemand einfach nur erzählt, dass die Strände in Australien schön sind, beeindruckt es dich vermutlich weniger, als wenn du ein Foto vom Strand siehst. Das Foto zeigt einen langen, breiten Sandstreifen, Felsen, Wellen und warmen Sonnenschein. Das lässt die Vorstellung von einem schönen Strand in deinem Gehirn lebendig werden. Das liegt daran, dass Sehen und Fühlen sehr wichtig für uns sind. Wir sehen und fühlen schon als ganz kleine Babys, mit dem Denken beginnen wir erst später. Die Aufgabe der Kunst ist es also, so Hegel, eine Idee mit unseren Gefühlen zu verbinden. Hegel war der Meinung, dass Kunst Ideen schafft, die man sehen und fühlen kann. Und das macht sie sehr mächtig.

Grosse Idee #23

WARUM VERDIENEN MANCHE MENSCHEN MEHR ALS ANDERE?

Menschen bekommen für ihre Arbeit unterschiedliche Gehälter. In manchen Berufen wird man sehr gut bezahlt, in anderen nicht. Warum gibt es diesen Unterschied? Warum bekommt ein Fußballspieler oder die Führungsperson einer Anwaltskanzlei so viel mehr Geld als eine Busfahrerin oder ein Kellner in einem Café?

Das Gehalt richtet sich nicht danach, wie schön der Beruf ist oder wie nett die Person, die ihn ausübt. Die wichtige Frage lautet: »Wie viele Menschen können dieser Tätigkeit nachgehen?« Wenn viele Menschen eine Tätigkeit ausüben können, ist die Bezahlung meistens geringer. Viele könnten einen Bus fahren oder als Kellner arbeiten, deshalb muss die Chefin eines Busunternehmens oder eines Cafés nicht viel für einen neuen Mitarbeiter oder eine neue Mitarbeiterin bezahlen.

Stell dir aber mal vor, du bist der Manager eines Fußballvereins und möchtest mit deinem Team möglichst viele Spiele gewinnen. Dafür musst du die besten Spieler gewinnen. Es wird kaum einen Spieler geben, der gut genug ist. Jeder Verein möchte diesen Spieler haben, deshalb bieten sie immer mehr Geld, um die wenigen sehr talentierten und fähigen Spieler zu gewinnen. Oder du bist die Führungsperson einer Anwaltskanzlei. Nur wenige kennen die Gesetze so gut, um diese Arbeit gut zu machen, und viele Kanzleien würden sie anheuern. Deshalb müsstest du ein immer höheres Gehalt bezahlen, um die besten Leute zu gewinnen. Das erklärt, warum nur wenige Menschen sehr viel Geld verdienen. Für die gut bezahlten Berufe sind wenige Menschen qualifiziert. Eine Tätigkeit, der theoretisch viele Menschen nachgehen können, ist nicht so gut bezahlt, weil die Auswahl groß ist – deshalb wird nur ein durchschnittliches, gewöhnliches Gehalt bezahlt.

Die bestbezahlten Berufe sind aus diesem Grund nicht immer besonders angenehm. Sie sind in der Regel enorm stressig. Bei einem guten Gehalt wird erwartet, dass man sehr gut in dem ist, was man tut, und zwar die ganze Zeit. Wenn ein Kellner etwas Saft auf jemandem verschüttet, ist das blöd, aber ein ziemlich kleines Problem. Wenn aber die Führungsperson einer Anwaltskanzlei einen Fehler macht, könnte das die Firma Millionen von Euro kosten. Es können jederzeit gravierende Fehler passieren.

Es kann aber auch sein, dass du etwas richtig gut kannst, und damit trotzdem nicht viel Geld verdienst. Das hängt davon ab, wie sehr deine Fähigkeiten gebraucht werden. Nehmen wir an, du kannst sehr gut auf einem Bein stehen – stundenlang. Das ist großartig. Das macht dich aber vermutlich nicht reich, weil es nicht viele gibt, die dich dafür brauchen oder wollen.

Wenn du eine Arbeit mit einem guten Gehalt haben möchtest, musst du zwei Sachen beachten: Du musst herausfinden, was du sehr gut kannst, etwas, von dem viele wollen, dass es gemacht wird. Und du musst herausfinden, wie sehr dich der Stress belasten würde, der in der Regel mit einem hochbezahlten Beruf einhergeht. Und denk daran, dass viele Berufe, die nicht gut bezahlt sind, trotzdem wichtig sind und Spaß machen. Viele der großartigsten Künstler oder Schriftstellerinnen waren nicht sehr erfolgreich, wenn es darum ging, Geld zu verdienen. Es gibt viele wichtige Menschen auf der Welt, die nicht reich sind.

EINE IDEE VON ADAM SMITH

Adam Smith wurde vor über 250 Jahren in Schottland geboren. Er wuchs auf dem Land auf und erkundete gerne die umliegenden Hügel und Wälder. In der Schule war er recht gut und später bekam er eine Stelle an der Universität. Er war ein sehr guter Dozent. Er interessierte sich für Freundlichkeit und Mitgefühl (ein Gespür für die Gefühle anderer Menschen), aber er beschäftigte sich auch damit, wie das Geldsystem funktioniert, und wie Menschen (und Staaten) mehr Geld verdienen können. Das war für ihn sehr wichtig, denn als er ein Kind war, war Schottland ein sehr armes Land – nicht alle Menschen hatten Schuhe oder genug zu essen.

Adam Smith war der Meinung, dass man Geld verdienen kann, indem man sich überlegt, was andere Menschen brauchen, um das dann billiger zu produzieren. Alle Menschen benötigen zum Beispiel Schuhe, in Schottland aber hatten viele keine Schuhe, weil sie so teuer waren (eine Person benötigt einen Tag, um ein Paar Schuhe herzustellen). Der Trick bestand darin, so Adam Smith, eine Schuhfabrik zu bauen. Wenn man Maschinen einsetzt und viele Menschen einstellt, kann man viele Schuhe viel billiger produzieren, sodass mehr Menschen sie kaufen können.

Adam Smith erkannte etwas sehr Verblüffendes. Wenn man viel Geld verdienen möchte, reicht es nicht, nur zu fragen: »Was brauchen Menschen?« Man muss herausfinden, wie man eine große Menge billig herstellen kann, sodass die Ware für viele Menschen verfügbar ist.

GROSSE IDEE #24

WAS IST GERECHT?

Manche Familien haben mehr und manche haben weniger. Manche haben einen eigenen Pool, andere haben nicht einmal einen Garten. Manche fahren häufig in den Urlaub, andere müssen zu Hause bleiben. Manche Häuser sind riesig, andere wiederum sind gar nicht schön.

Ist es gerecht, dass manche Menschen viele schöne Dinge besitzen und andere nicht? Philosoph*innen haben bereits viel über Gerechtigkeit nachgedacht. Das sind *politische* Philosoph*innen, sie versuchen herauszufinden, wie die Welt gerechter gestaltet werden kann. Bevor sie das aber tun können, müssen sie sich eine komplizierte Frage stellen: Was ist *gerecht*? Was bedeutet *Gerechtigkeit*?

Stell dir vor, du möchtest eine Pizza teilen. Wenn sechs Menschen mitessen, erscheint es nur gerecht, sie in sechs gleich große Teile zu schneiden. Dann bekommen alle das Gleiche. Wenn du die Welt regieren würdest, könntest du dasselbe mit Geld, Häusern und schönen Urlauben machen? Wäre es gerecht, wenn jede*r dasselbe bekäme? Das könnte man denken, vielleicht auch nicht. Manche arbeiten sehr viel härter als andere. Manche haben sehr gute Ideen, die anderen helfen. Vielleicht ist es in Ordnung, wenn sie mehr bekommen. Was geschieht, wenn die Eltern von jemandem, den du kennst, sehr nett sind – sie helfen ihren Kindern, hören ihnen aufmerksam zu und unternehmen mit ihnen interessante Ausflüge. Könnte man sagen: »Es ist nicht fair, dass du so nette Eltern hast, andere haben kein so großes Glück mit ihren Eltern – deinen Eltern sollte es nicht erlaubt sein, so gut zu dir zu sein«? Oder wenn jemand wirklich gut in Mathe oder Sport ist, ist das gerecht? Würde man dann sagen: »Du musst sehr schwere Schuhe tragen und den Matheunterricht verpassen, damit alle gleich gut in Sport sind und gleich gut rechnen können«? Vermutlich nicht.

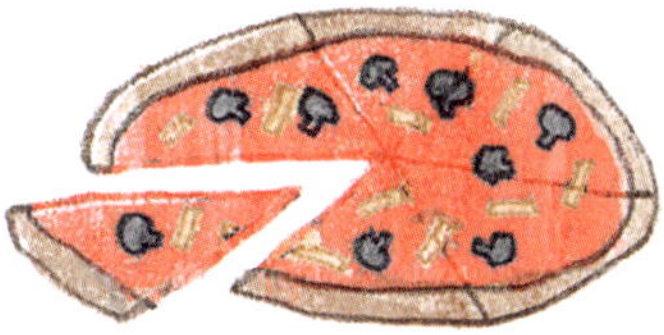

Vielleicht funktioniert die Vorstellung, alle gleich zu behandeln, nicht. Natürlich gibt es Unterschiede. Die Frage ist nur, wie groß sie werden können. Um alles so gerecht wie möglich zu gestalten, müssten alle gleichberechtigt sein. Stell dir vor, du könntest vor deiner Geburt vom Himmel aus auf die ganze Welt hinabblicken. Du könntest all die Leben sehen, die die Menschen führen, du weißt aber nicht, welches deines sein wird. Du könntest alle Familien sehen, aber du weißt nicht, in welche du hineingeboren wirst, in welchem Haus du wohnen oder welche Schule du besuchen wirst. Vielleicht hast du Glück und landest an einem schönen Ort mit vielen tollen Sachen oder du hast Pech und du bekommst nur das Schlimmste von allem ab.

Wenn du ein Land betrachtest, siehst du viele schöne Orte, wo du landen könntest. Es gibt Familien mit Helikoptern und atemberaubend schönen Häusern mit zwei Pools. Doch dann stellst du fest, dass die meisten Familien in diesem Land gar nichts besitzen und fast alle Schulen dabei sind zu verfallen. Die Chancen sind hoch, dass du bei den Armen landest, weshalb das Land dann nicht mehr so attraktiv erscheint.

Betrachte dann ein anderes Land. In diesem Land gibt es eine ganze Reihe schöner Orte (obwohl hier niemand einen eigenen Helikopter und zwei Pools besitzt). Es gibt kaum heruntergekommene Gegenden. Selbst die Menschen, die nicht viel haben, haben immer noch genug. Ihre Häuser sind zwar etwas kleiner, aber sie sind in Ordnung. Die Schule ist auch nicht so richtig gut, aber auch nicht schlecht. Vermutlich würdest du dir denken, dass es klüger wäre, sich für dieses Land zu entscheiden – selbst wenn du am schlimmsten Ort landen würdest, wäre dein Leben noch immer ziemlich gut.

Wenn man über Länder wie diese nachdenkt, ist das ein interessanter Test dafür, wie gerecht ein Land ist. Komplette Gleichberechtigung und Gerechtigkeit kann es nicht geben, nicht alle Menschen werden je dasselbe haben, doch zumindest hat niemand im zweiten Land ein furchtbares Leben, während andere alles haben.

GERECHTE ORTE ZUM LEBEN

Stell dir dich selbst vor deiner Geburt vor. Du kannst zwischen allen Ländern der Welt wählen, wo du leben möchtest, aber du weißt nicht, ob du reich oder arm sein wirst. Für welches Land würdest du dich entscheiden? Was verrät dir das?

EINE IDEE VON JOHN RAWLS

Es gab einen amerikanischen Philosophen namens John Rawls, der vor nicht allzu langer Zeit lebte – von 1921 bis 2002. Für einen Philosophen ist das gar nicht lange her, viele von ihnen lebten vor langer, langer Zeit. Es mag so wirken, als wären alle Philosoph*innen uralt, doch das Schöne an der Philosophie ist, dass es keine Rolle spielt, wann eine gute Idee entwickelt wurde. Einige gute Ideen gibt es schon eine Weile, während andere ziemlich neu sind – doch was zählt, ist, wie hilfreich sie sind.

John Rawls wuchs in Baltimore in den USA auf. Seine Familie war ziemlich wohlhabend und seine Eltern waren sehr gut zu ihm, doch in seiner Gegend lebten viele sehr arme und unglückliche Menschen, worüber er sich schon als Kind Gedanken machte. Warum war sein Leben so angenehm, während andere Menschen solchen Schwierigkeiten ausgesetzt waren? Er entschied, dass er als Erwachsener versuchen wollte, etwas dagegen zu tun.

Die Tatsache, dass auch in reichen Ländern viele arme Menschen lebten, traf ihn sehr. Es geht also nicht darum, wie man das Land reicher machen kann (das ist es ja schon), sondern wie man das Gute, das bereits vorhanden ist, besser verteilen kann. Warum geschieht das nicht? Vielleicht deshalb, dachte er, weil es keine gemeinsame Idee von Gerechtigkeit gibt. Er erfand aus diesem Grund den Test, den wir vorhin gemacht haben. Er nannte ihn den *Schleier des Nichtwissens*. Würdest du davon ausgehen, dass es in Ordnung ist, in diesem Land zu leben, wenn du nicht wüsstest, in welchen Teil du hineingeboren werden würdest? Wenn wir gute Ideen haben, können wir versuchen, sehr schwierige Probleme lösen.

GROSSE IDEE #25

WIE MAN SCHÜCHTERNHEIT ÜBERWINDET

Wahrscheinlich kennst du dich mit Schüchternheit schon gut aus. Kinder sind in der Gegenwart von unbekannten Menschen oft schüchtern. Wenn du an einer neuen Schule noch niemanden kennst, fühlt es sich vermutlich sehr schwierig an, neue Kinder kennenzulernen – was, wenn sie dich nicht mögen? Oder vielleicht besuchst du gemeinsam mit deiner Mutter oder deinem Vater Freunde. Sie sind so anders. Sie kommen aus einem anderen Land. Vielleicht haben sie eine Tochter, die älter ist als du, mit einem Namen, von dem du nicht so genau weißt, wie man ihn ausspricht: Marie-Christine. Sie wirkt so anders. Du weißt nicht, was du sagen sollst. Du bist schüchtern.

Werfen wir einen Blick auf Schüchternheit und betrachten wir, was sie eigentlich ausmacht. Schüchternheit ist die Vorstellung, dass du einer fremden Person gegenüber nicht weißt, was du sagen oder wie du dich verhalten sollst. Mit deinen Freund*innen ist das normalerweise einfach, weil du bereits weißt, wie sie sind – du weißt, worüber sie gerne sprechen und was sie gerne machen. Doch mit einer neuen Person fühlt sich das sehr schwierig an. Das ist ganz normal. Du musst lediglich herausfinden, wie sie ist. Nicht, weil mit dir oder mit ihr etwas nicht stimmt. Du weißt nur noch nicht, wie sie ist und wie sie sich am wohlsten fühlt. Es ist unmöglich, das gleich am Anfang zu wissen.

Es gibt eine Idee, die einen großen Unterschied bewirken kann. Selbst wenn ein anderer Mensch anders aussieht und spricht, und du ihn noch nicht kennst, kannst du davon ausgehen, dass er sich nicht großartig von dir unterscheidet. Marie-Christine hat zwar eine andere Frisur, nie eine deiner Lieblingsfernsehsendungen gesehen, und sie wirkt eher ruhig, während du laut bist, aber ihr habt vermutlich einiges gemeinsam. Wenn du dich fürs Zelten interessierst, könntest du sie fragen, ob sie auch schon einmal zelten war. Wenn du gerne tanzt oder Theater spielst, könntest du sie fragen, ob sie das auch gerne macht. Vermutlich wird sie nicht dieselben Dinge mögen (das wäre sehr ungewöhnlich), aber ihr werdet etwas finden, das euch beide anspricht. Und es ist gut zu versuchen, das herauszufinden. Denk daran, dass sie sich vermutlich auch so fühlt wie du.

Vielleicht ist dir das nicht klar, aber auch viele Erwachsene sind schüchtern. Es ist immer dasselbe Problem. Sobald jemand etwas anders ist, denkt man, man hätte nichts gemeinsam. Gemeinsamkeiten mit Personen, die man noch nie zuvor getroffen hat, zeigen sich nicht immer sofort, besonders, wenn sie aus einem anderen Land kommen oder nicht gleich alt sind, aber sie müssen sehr viel mit dir gemeinsam haben. Sie sind auch menschliche Wesen. Und sie haben einige Grundbedingungen, die du auch hast: Sie haben Eltern, Freund*innen, sie langweilen sich und sind einsam, sie ängstigen sich, machen sich Gedanken, sie mögen Geschichten (du weißt nur noch nicht, welche), sie haben Hobbys (die du auch noch nicht kennst), sie fahren gerne in den Urlaub (aber du weißt nicht, wohin). Alle haben diese Probleme und diese Interessen. Selbst wenn du jemanden zum ersten Mal triffst, weißt du ungefähr, an welchen Stellen du nach Gemeinsamkeiten suchen kannst – sogar bei Marie-Christine.

EINE IDEE VON MAIMONIDES

Maimonides war ein jüdischer Philosoph, der im spanischen Córdoba im 12. Jahrhundert lebte – also vor über 800 Jahren. Er liebte seinen jüngeren Bruder sehr. Als Erwachsener arbeitete er als Arzt in Marokko und Ägypten, wo er der persönliche Arzt des Sultans beziehungsweise des Herrschers des Landes wurde. Er beschäftigte sich mit der Frage, wie man ein guter Mensch sein kann und war sehr beeindruckt von Aristoteles, dem griechischen Denker, den wir bereits kennengelernt haben.

Maimonides interessierte sich sehr dafür, wie unterschiedlich Menschen sind – sie sehen unterschiedlich aus, mögen unterschiedliche Spiele, leben in unterschiedlichen Ländern, frühstücken unterschiedlich, tragen unterschiedliche Kleidung. Wir neigen dazu, bei anderen Menschen – oder Gruppen – zu denken: »Diese Menschen sind nicht so wie ich, ich verstehe sie nicht und kann nicht mit ihnen befreundet sein.« Doch Maimonides mochte diese Einstellung nicht. Er dachte, dass wir uns trotz all dieser Unterschiede auch ziemlich ähnlich sind – wir haben vieles gemeinsam, das wirklich wichtig ist. Freundlichkeit und Liebe sind für alle wichtig. Alle möchten gemocht und verstanden werden (auch wenn sie es nicht sagen). Die Einzelheiten sind von Mensch zu Mensch verschieden, das grundsätzliche Bild des Menschen ist aber bei allen gleich. Wir sind anderen Menschen sogar viel ähnlicher, als wir denken. Es gibt keinen Grund, schüchtern zu sein.

GROSSE IDEE #26

WARUM DAS ERWACHSENENLEBEN SCHWER IST

Hattest du jemals Mitleid mit einem Erwachsenen? Vor allem mit deinen Eltern? Das klingt etwas seltsam, weil die Erwachsenen scheinbar so viele Vorteile haben. Sie können tun, was sie wollen (keine Schulpflicht, keine festen Schlafenszeiten), sie haben ihr eigenes Geld, können Auto fahren und wissen eine Menge. Doch manchmal sieht man auch, wie besorgt oder traurig sie sind – oder gar weinen.

Was kann im Leben eines Erwachsenen schieflaufen? Ganz schön viel, wenn man genauer darüber nachdenkt. Vielleicht landet ein erwachsener Mensch in einem Beruf, den er nicht sonderlich mag. Er muss sehr viel Zeit auf der Arbeit verbringen und den Beruf ausüben, an dem er keine Freude hat. Er kann nicht einfach kündigen, weil er das Geld braucht, und es kann kompliziert sein, etwas Besseres zu finden. Den erwachsenen Menschen kann das Gefühl quälen, dass er aus seinem Leben etwas Besseres hätte machen können. Vielleicht hat er Talente, die er nicht richtig entwickeln konnte. Oder er hat das Gefühl, die falsche Person geheiratet zu haben. Das scheinen alles schwere Fehler zu sein, aber das sind sie nicht wirklich. Es ist so, als freundete man sich mit jemandem an, allerdings stellt sich heraus, dass man gar nicht so viel gemeinsam hat. Vielleicht hast du das ja bereits erlebt. Wenn man aber verheiratet ist, ist das ein viel größeres Problem, weil man womöglich gemeinsame Kinder hat oder ein Haus, und es sich schrecklich anfühlt, all das zu verlassen. Erwachsene haben oft Geldsorgen. Sie geben zu viel aus oder verdienen zu wenig. Erwachsene belastet es auch, dass sie älter werden. Momentan hast du vielleicht den Eindruck, dass sich die Zeit endlos vor dir ausbreitet, mit so vielen Möglichkeiten, was alles passieren könnte. Erwachsene haben oft das Gefühl, zu wenig Zeit zu haben – sie haben bereits die Hälfte ihres Lebens oder mehr hinter sich. Sie haben das Gefühl, dass die Zeit rast.

Es ist möglich, Erwachsenenprobleme besser zu bewältigen. Allerdings ist das kompliziert. Niemand bringt dir bei, wie das geht. Du benötigst viele Fähigkeiten: wie du die richtige Partnerin, den richtigen Partner auswählst, wie du gut mit Geld umgehst, wie du dich für einen Beruf entscheidest, den du auch wirklich magst, wie du dich damit auseinandersetzt, dass du jeden Tag älter und kahler wirst. Im Allgemeinen werden dir diese Fähigkeiten nicht beigebracht. Es ist ein bisschen so, als müsstest du ein Flugzeug steuern, ohne jemals eine einzige Flugstunde gehabt zu haben. Es ist nicht unmöglich, ein Flugzeug zu steuern, du kannst es aber nicht ohne Vorbereitungen – du musst dir diese Fähigkeiten aneignen. Als erwachsene Person benötigst du einige Fähigkeiten, doch den Erwachsenen werden sie in der Regel nicht beigebracht.

Ziemlich oft betrachten Erwachsene Kinder als unschuldig. Damit meinen sie nicht, dass Kinder immer lieb und süß sind (so dumm sind sie nicht). Sie meinen damit, dass Kinder diese typischen Schwierigkeiten noch nicht kennen, die mit dem Erwachsenenleben einhergehen. Die Erwachsenen sprechen mit ihren Kindern nicht über ihre Probleme. Das ist verständlich: Sie versuchen nett zu sein und wollen nicht, dass Kinder sich Sorgen über die Zukunft machen, sie sollen ihre Kindheit genießen.

Doch vielleicht gibt es noch eine andere Idee. Wenn du bereits jetzt erfährst, welche Schwierigkeiten dich im Erwachsenenleben erwarten, wirst du sehen, dass sie am Ende gar nicht so beängstigend sind. So kannst du auch lernen, zur gegebenen Zeit besser mit ihnen umzugehen.

EINE IDEE … DER PHILOSOPHIE

Die Philosophie gehört zu einer der Möglichkeiten, wie wir mit den Schwierigkeiten des Lebens umgehen können. Sie kann uns vor allem damit behilflich sein, uns die Informationen zur Verfügung zu stellen, bevor wir sie dringend benötigen – und somit sind wir gut gewappnet. Statt sich nur mit dem auseinanderzusetzen, was gerade ist, müssen wir mutig sein und uns den Dingen stellen, die sich im Laufe des Lebens ereignen werden – auch um im Blick zu haben, was schiefgehen könnte. Wir müssen uns nicht sofort damit auseinandersetzen, doch eines Tages schon. Es ist nicht besonders hilfreich, so zu tun, als würden sie nicht eintreten.

Allerdings setzen wir uns nicht damit auseinander, um uns schlecht zu fühlen. Es geht nicht darum, das Glück zu zerstören, das wir derzeit erleben, indem wir feststellen, dass es uns später schlecht ergehen könnte. Eigentlich ist genau das Gegenteil der Fall. Wenn du schon frühzeitig eine Vorstellung davon hast, wie die Herausforderungen des Lebens aussehen werden, kannst du damit beginnen, die notwendigen Fähigkeiten zu entwickeln, die dir dabei helfen werden, sie zu bewältigen. Es ist ein bisschen so, wie einen sehr hohen Berg zu erklimmen. Wenn du denkst, dass es leicht sein und Spaß machen wird, wirst du geschockt davon sein, wie schwierig es in Wahrheit ist. Doch wenn du vorab trainierst, indem du kleinere Berge besteigst, und mit Menschen sprichst, die diesen großen Berg bereits bestiegen haben (und dabei unglaublich viele Fehler gemacht haben), kannst du von ihnen lernen und dich gut vorbereiten. Du brauchst Kletterfreunde, die dir im Vorfeld Informationen geben und dir die benötigten Fähigkeiten beibringen.

Mit der Philosophie verhält es sich ähnlich – aber sie hat natürlich nichts mit dem Bergsteigen zu tun. In der Philosophie geht es darum, den normalen Schwierigkeiten des Erwachsenenlebens zu begegnen. Philosophie hat keine

Angst, wie kompliziert das Leben sein kann – sie hat eine Menge Erfahrungen und sie hat alles schon einmal gemacht.

In diesem Sinne ist die Philosophie wie eine Lebensfreundin. Sie ist keine Person – sondern eine Gruppe von Menschen und ihre Ideen. Sie sind vielen Schwierigkeiten begegnet und haben versucht, mit ihnen umzugehen zu lernen. Mit diesem Buch versuchen wir, dir Ideen zu vermitteln, wie man das Leben besser verstehen kann, und wie man es sich ein bisschen leichter machen kann. Genau das versucht die Philosophie auch.

LISTE DER DENKERINNEN UND DENKER

Buddha

563 v. Chr.–483 v. Chr.

Taulihawa, Nepal

Konfuzius

551 v. Chr.–479 v. Chr.

Lu, Zhou (heutiges China)

Sokrates

470 v. Chr.–399 v. Chr.

Athen, Griechenland

Aristoteles

384 v. Chr.–322 v. Chr.

Athen, Griechenland

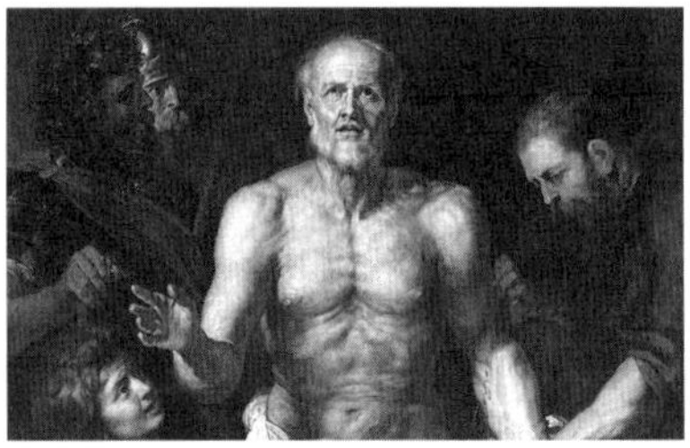

Seneca

4 v. Chr.–65 n. Chr.

Rom, Italien

S. 44

Hypatia of Alexandria

360 (ca.)–415

Alexandria, Ägypten

S. 68

Ibn Sina (Avicenna)

980–1037

Buxoro, Persien & Hamadan, Iran

S. 34

Maimonides

1135–1204

Marokko & Ägypten

S. 144

Michel de Montaigne

1533–1592

Guyenne, Frankreich

S. 110

René Descartes

1596–1650

Frankreich, Niederlande & Schweden

S. 60

Zär'a Yaqob

1599–1692

Enferaz, Äthiopien

S. 40

Matsuo Basho

1664–1694

Osaka, Japan

S. 50

Jean-Jacques Rousseau

1712–1778

Schweiz & Frankreich

S. 74

Adam Smith

1723–1790

Edinburgh, Schottland

S. 134

Immanuel Kant

1724–1804

Königsberg, Preußen (heutiges Russland)

S. 98

Mary Wollstonecraft

1759–1797

London, England

S. 120

Georg Wilhelm Friedrich Hegel

1770–1831

Berlin, Deutschland

S. 130

Ralph Waldo Emerson

1803–1882

Massachusetts, USA

S. 86

Friedrich Nietzsche

1844–1900

Schweiz & Deutschland

S. 80

Ludwig Wittgenstein

1889–1951

Wien, Österreich & Cambridge, England

S. 24

Jean-Paul Sartre

1905–1980

Paris, Frankreich

S. 104

Simone de Beauvoir

1908–1986

Paris, Frankreich

S. 30

Albert Camus

1913–1960

Algerien & Frankreich

S. 54

John Rawls

1921–2002

Massachusetts, USA

S. 140

Jacques Derrida

1930–2004

Algerien & Frankreich

S. 124

LISTE DER KUNSTWERKE S. 127–128

Willem Bartel van der Kooi, *Das unterbrochene Pianospiel*, 1813. Öl auf Leinwand, 147 cm × 121 cm. Rijksmuseum, Amsterdam. Eine Schenkung von H. van der Kooi, Leeuwarden.

Jacob van Ruisdael, *Weite Landschaft mit zerstörten Befestigungsanlagen und einer Kirche im Hintergrund*, 1665. Öl auf Leinwand, 109 cm × 146 cm. The National Gallery, London.

Albrecht Dürer, *Das große Rasenstück*, 1503. Aquarell, 40 cm × 31 cm. Albertina, Wien.

Agnes Martin, *Freundschaft*, 1963. Mit Blattgold versehen und Gesso auf Leinwand, 190,5 cm × 190,5 cm. Museum of Modern Art, New York. Eine Schenkung von Celeste und Armand P. Bartos. Gemäß nach: 502.1984. © 2022. Digital Image, The Museum of Modern Art, New York/Scala, Florenz.

BILDRECHTE S. 151–155

Siddharta Gautama (Buddha), *Ohne Titel*, susuteh. Creative Commons.

Konfuzius, *Konfuzius*, Gouache auf Papier, ca. 1770. *Encyclopædia Britannica*. Wikimedia Commons.

Sokrates, *Der Tod des Sokrates* (1787), Jacques-Louis David (1748–1825). Catherine Lorillard Wolfe Collection, Wolfe Fund, 1931. Wikimedia Commons.

Aristoteles, *Büste von Aristoteles*, nach 330 v. Chr. Marmor, eine römische Kopie nach einem griechischen Bronzeoriginal von Lysippos von 330 v. Chr.; der Mantel aus Alabaster ist eine Ergänzung der Moderne. Nach Lysippos, 300–390 v. Chr. Ludovisi Collection. Jastrow. Wikimedia Commons.

Seneca, *Der sterbende Seneca*, 1612–1613, Peter Paul Rubens (1577–1640). Wikimedia Commons.

Hypatia von Alexandria, *Porträt von Hypatia*, 1908, Jules Maurice Gaspard (1862–1919). Elbert Hubbard, *Hypatia*, in *Little Journeys to the Homes of Great Teachers*, v.23 #4, East Aurora, New York: The Roycrofters, 1908 (375 p. 2 v. ports. 21 cm). Wikimedia Commons.

Ibn Sina, *Avicenna—Ibn Sina*, Mai 2014, Blondinrikard Fröberg. Flickr, Creative Commons.

Maimonides, Illustration entstammt aus der *Jüdischen Enzyklopädie von Brockhaus und Efron* (1906–1913). Wikimedia Commons.

Michel de Montaigne, Wikimedia Commons.

René Descartes, *Porträt von René Descartes* (1596–1650), ca. 1649–1700, nach Frans Hals (1582/3–1666). André Hatala [u.a.] (1997) *Das Zeitalter von Rembrandt*, Bruxelles: Crédit communal de Belgique, ISBN 2-908388-32-4. Wikimedia Commons.

Zär'a Yaqob, *Sonnenuntergang von Lalibela mit Bet Giorgis*, 2007, A. Davey, Lalibela, Äthiopien. Wikimedia Commons.

Matsuo Basho, *Porträt von Matsuo Basho*, Hokusai, ca. 18. und 19. Jahrhundert. Wikimedia Commons.

Jean-Jacques Rousseau, *Porträt von Jean-Jacques Rousseau*, 1753, Maurice Quentin de La Tour (1704–1788). Wikimedia Commons.

Adam Smith, *Porträt von Adam Smith*, 18. Jahrhundert, Urheber unbekannt. Wikimedia Commons.

Immanuel Kant, *Immanuel Kant*, 1791, J. L. Raab nach einem Gemälde von Döbler. Wikimedia Commons.

Mary Wollstonecraft, *Porträt von Mary Wollstonecraft*, ca. 1790–1791, John Opie (1761–1807). Wikimedia Commons.

Georg Wilhelm Friedrich Hegel, *Porträt von G. W. F. Hegel* (1770–1831), nach 1828, Stahlstich von Lazarus Gottlieb Sichling (1812–1863) nach einer Lithographie von Julius L. Sebbers (1804–1839).

Ralph Waldo Emerson, *Bild des amerikanischen Philosophen und Poeten Ralph Waldo Emerson*, von 1859. Untersucht von Ralph Waldo Emerson, John Lothrop Motley: *Two Memoirs* von Oliver Wendell Holmes, veröffentlicht von Houghton Mifflin, 1904. Wikimedia Commons.

Friedrich Nietzsche, *Friedrich Nietzsche um 1869*. Aufgenommen vom Studio Gebrüder Siebe, Leipzig. Er musste es damals Deussen geschickt haben, mit einem Brief, datiert im Juli 1869 ([1], KGB II.1 Nr. 10). Eine Kopie dieser Fotografie liegt im Goethe- und Schiller-Archiv, Nr. GSA 101/11. Der Scan wurde von Anton durchgeführt (2005). Wikimedia Commons.

Ludwig Wittgenstein, *Ludwig Wittgenstein* (1899–1951), 1930, Moriz Nehr (1859–1945). Österreichische Nationalbibliothek. Wikimedia Commons.

Jean-Paul Sartre, *Der französische Philosoph und Autor Jean Paul Sartre und die Autorin Simone de Beauvoir kommen in Israel an und werden von Avraham Shlonsky am Flughafen Lod begrüßt* (14/3/1967). Foto von Moshe Milner. Wikimedia Commons.

Simone de Beauvoir, *Simone de Beauvoir & Jean-Paul Sartre in Peking 1955*, Foto von Xinhua News Agency. Wikimedia Commons.

Albert Camus, *Philosoph*, Urheber unbekannt. Wikimedia Commons.

John Rawls, *Der amerikanische Philosoph John Rawls*, Harvard Gazette. Wikimedia Commons.

Jacques Derrida, *Der französische Philosoph Jacques Derrida*, University of Florida College of Liberal Arts and Sciences. Keystone Press/Alamy Stock Photo.